LA UNIÓN SOVIÉTICA

Unidad II de Estudios de la Cultura Afro-Asiática

por
Erwin Rosenfeld
y
Harriet Geller

Traducido por
Angel J. Casares
y
Sonia Casasnovas

Serie Educacional de Barron, Inc.
Barron's Educational Series, Inc.

113 Crossways Park Drive
Woodbury, New York 11797

© Copyright 1975 by Barron's Educational Series, Inc.

All rights reserved.
No part of this book may be reproduced
in any form, by photostat, microfilm, xerography,
or any other means, or incorporated into any
information retrieval system, electronic or
mechanical, without the written permission
of the copyright owner.

All inquiries should be addressed to:
Barron's Educational Series, Inc.
113 Crossways Park Drive
Woodbury, New York 11797

Library of Congress Catalog Card No. 75-26503

International Standard Book No. 0-8120-0601-1

PRINTED IN THE UNITED STATES OF AMERICA

(C.) Es propiedad literaria 1975, de la Series Educacional de Barron, Inc.

Queda hecho el depósito que prescribe la ley.
Prohibida la reproducción de este libro en todo
o en parte de cualquier forma, por medio fotostático,
micropelícula, Xerox, o de algún otro modo o que sea
incorporado en algún sistema electrónico o mecánico
de recobro de información, sin el permiso del dueño
de la propiedad literaria.

Toda pregunta debe dirigirse a
Serie Educacional de Barron, Inc.
113 Crossways Park Drive
Woodbury, New York 11797

Número de Tarjeta de Catálogo de la Biblioteca del Congreso 75-26503

IMPRESO EN LOS ESTADOS UNIDOS

Library of Congress Cataloging in Publication Data

Rosenfeld, Erwin.
  La Unión Soviética.
  Translation of Unit 2, The Union of Soviet Socialist Republics,
originally published in Afro-Asian culture studies.
  Includes index.
  SUMMARY: An overview of the geography, history,
politics, economy, foreign relations, and social and cultural life
of the Soviet Union.
  1. Russia — Juvenile literature. 1. Russia I. Geller, Harriet,
joint author. II. Title.
DK17.R57   947   75-26503
ISBN 0-8120-0601-1

Contenido

Prólogo	iv
Tierra y Topografía	1
Clima	3
La Población de la Unión Soviética	5
Período de Kiev	9
Rusia Bajo los Mongoles	10
Rusia Se Une Bajo los Príncipes de Moscú	13
Pedro el Grande y la Occidentalización de Rusia	14
Catalina Continúa la Obra de Pedro	15
Alejandro I y la Invasión Napoleónica de 1812	17
Rusia en el Siglo 19	18
El Campesinado—La servidumbre y Después	19
El Movimiento Revolucionario	21
La Revolución Rusa de 1905	22
La Guerra Mundial I y la Revolución de Marzo de 1917	24
Marx, Lenin y la Revolución de Noviembre de 1917	25
Rusia Bajo Stalin	28
La Economía Soviética	30
Nivel de Vida, Salud y Bienestar del Pueblo Soviético	35
El Gobierno Soviético	37
Vida Cultural en la Unión Soviética	39
Política Exterior Soviética	42
Relaciones Soviético-Estadounidenses en los Primeros Años de la Década del 70	45
Sumario de Ideas Clave	52
Ejercicios y Preguntas	56
Indice	71

Prólogo

Unidad II — La Unión Soviética
(Estudios de la Cultura Afro-Asiática)

Ninguna palabra, ninguna idea singular pueden informar cabalmente sobre la Unión Soviética. Ninguna descripción, sea verbal o fotográfica, puede narrarnos la historia de la Unión Soviética. Esto se debe a la gran diversidad geográfica, climática y étnica de este país.

Para hacer más fácil para los estudiantes la comprensión de esta área cultural única y de sus contribuciones a la historia humana, hemos tratado de presentar un estudio interdisciplinario. Hemos intentado mostrar la interrelación de la geografía, la historia, la economía, la ciencia política, la sociología y la antropología. Esperamos haber conseguido destacar cómo las ciencias sociales han actuado unas sobre las otras y sobre los habitantes del área y sus tierras.

Sólo a partir de una mejor comprensión de la Unión Soviética podemos esperar crear un mundo mejor y más pacífico. Nuestro objetivo es hacer una pequeña contribución para mejorar esta comprensión. Los mapas, cartas, tablas y fotografías proveen a estudiantes y a maestros valiosa ayuda visual y motivacional para entender a la Unión de Repúblicas Socialistas Soviéticas. Se incluye un sumario de ideas clave y una diversidad de preguntas y ejercicios para ayudar en la evaluación del aprendizaje que se ha hecho.

UNIDAD II La Unión Soviética (URSS)

Tierra y Topografía

Tamaño y localización

La Unión Soviética es el país más grande del mundo. Cubre más de 8.500.000 de millas cuadradas, es decir 1/6 del área terrestre total de la tierra. La Unión Soviética es más grande que los Estados Unidos y el Canadá juntos. La Unión de Repúblicas Socialistas Soviéticas se extiende sobre dos continentes — Europa y Asia. Llega desde el Océano Artico en el norte hasta el Mar Negro y las montañas de Asia Central en el sud; se extiende desde el Océano Pacífico en el este hasta el mar Báltico en el oeste. Otro modo de apreciar el enorme tamaño de Rusia es considerar los hechos siguientes. Hay tres horas de diferencia entre la ciudad de Nueva York en la costa atlántica y Los Angeles en el Pacífico. En Rusia hay una diferencia de casi 12 horas entre Leningrado en el mar Báltico y Vladivostok en el Océano Pacífico. Cuando el sol sale en Leningrado, prácticamente está en su ocaso en Vladivostok.

Rusia no ha sido siempre un país grande. Durante una parte considerable de su historia originaria fue un pequeño país en Europa oriental. Estaba completamente rodeada por tierra posesión de otros países, y miles de millas alejada del mar abierto. En el siglo 16, Rusia comenzó a expandirse hasta alcanzar su tamaño actual.

La Unión Soviética está localizada muy al norte del Ecuador. Su punto más meridional se encuentra a 35° de latitud norte; todo el país está más al norte que Los Angeles. Algunas de las ciudades más importantes se encuentran más al norte que Nueva York. La latitud de la ciudad de Nueva York es de 42° N.; la de Moscú 55°, N y la de Leningrado 60° N.

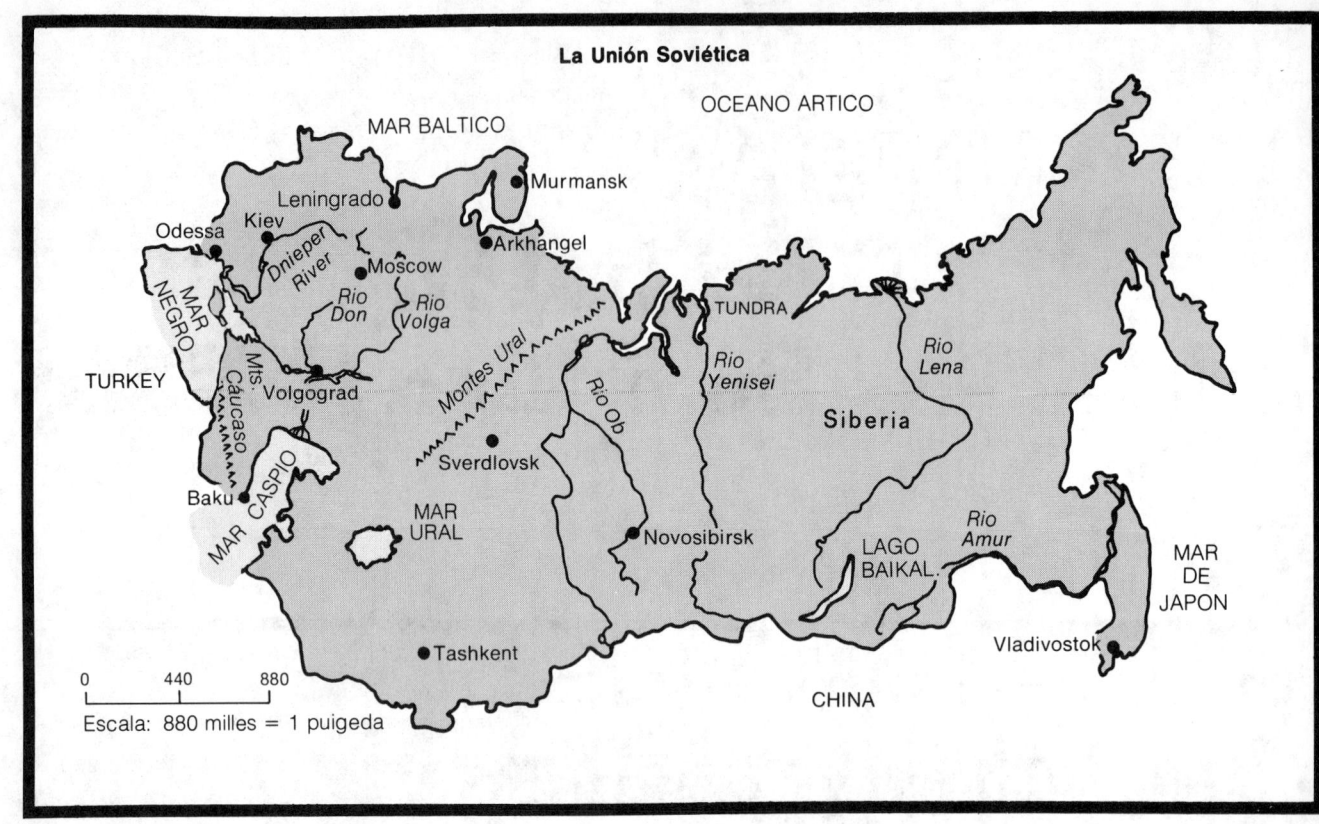

Características Físicas

1. **Llanura**

La mayor parte de Rusia es una gran planicie. Esta cubre casi toda la Rusia europea y se extiende hacia el este hasta el interior de Siberia Central. La planicie facilita el transporte. Al mismo tiempo, como no hay barreras naturales, los vientos fríos soplan hacia el sud y producen un clima frío y cruel.

La planicie ha facilitado también la penetración de invasores, lo mismo desde el este que desde el oeste. Los mongoles desde Asia, y los polacos, franceses y alemanes desde Europa, han invadido Rusia. Las frecuentes invasiones en el pasado pueden explicar la desconfianza de Rusia hacia los forasteros y su deseo de mantener seguras sus fronteras.

2. **Montañas**

En la Rusia asiática el terreno se hace más montañoso. Los Montes Urales dividen la planicie entre dos continentes: Europa y Asia. Con todo, los Urales no son muy elevados y tienen muchos pasos. Nunca han protegido al país contra los invasores orientales. Los Montes Cáucasos constituyen una barrera entre Rusia, Turquía e Irán. Las montañas de Pamir separan a la Unión Soviética de Afghanistán e Irán. En Siberia meridional se encuentran las montañas Tien Shan y los montes Altai, que son, en algunos lugares, una barrera entre la Unión Soviética y los países de Asia.

3. **Costa**	La Unión Soviética tiene una enorme línea costera — la mayor del mundo. Sin embargo, sólo una pequeña parte es utilizable. Durante una buena parte del año, la mayoría de las aguas está helada o es muy poco profunda. El único puerto soviético en la costa del Artico libre de hielo durante todo el año es Murmansk. Con todo, no tiene mayor uso como puerto, debido a la gran distancia entre Murmansk y otras partes de la Unión Soviética. La costa del Pacífico está también rodeada de hielo la mayor parte del año. El puerto de Vladivostok queda abierto durante los meses de invierno gracias a los rompehielos. Los puertos a lo largo de los mares Báltico y Negro tienen sus limitaciones por otras causas. Las salidas desde el Báltico están controladas por los países escandinavos, y las del Mar Negro por los turcos. De este modo, la Unión Soviética podría ser embotellada en cualquiera de estas vías de acceso. Estos factores han afectado la historia del país. La historia rusa puede explicarse en parte como una búsqueda constante de caminos para llegar al mar, o "ventanas al mundo". Durante centurias, la expansión de Rusia ha ocurrido por tierra, no por agua. Sólo ahora, por primera vez en la historia, los rusos se están esforzando en convertirse en un poder naval importante.

4. **Ríos**	A lo largo de la historia rusa, los ríos han sido muy importantes para el desarrollo del país. Muchos de los ríos rusos son anchos y navegables, y se pueden usar para el comercio y el transporte. Los ríos han ayudado a unificar este enorme país. Los centros de la primera historia rusa estaban localizados sobre o cerca de un sistema fluvial — Kiev en el Dnieper, Moscú en el sistema del Alto Volga. Los ríos de Rusia occidental fluyen de norte a sud. El Dnieper desemboca en el Mar Negro, el Volga (el más largo) desemboca en el Mar Caspio, y el Don en el Mar de Azov. Estos ríos suministran una ruta a los rusos para comerciar con las tierras meridionales.

Tres de los cuatro ríos de Siberia — el Ob, el Yenisei y el Lena, corren en dirección al norte hacia el Océano Artico. Tienen un limitado uso comercial, pero representan un tremendo potencial de fuerza hidroeléctrica. El cuarto río siberiano, el Amur, corre en dirección noreste y constituye el líimite entre Siberia y Manchuria.

La Unión Soviética ha construido y sigue construyendo canales para intercomunicar los principales ríos y mares y para asegurar un flujo continuo del tráfico fluvial a través del país. Estos caminos fluviales proveen a la Unión Soviética una importante red de transporte. Conectan las principales ciudades del profundo interior de Rusia con las áreas costeras. Moscú, por ejemplo, a muchos cientos de millas del mar, está comunicado con las áreas costeras por este vasto sistema de ríos y canales y a veces es llamado "El puerto de los cinco mares."

Clima

Todos hemos visto fotografías de Rusia — la gente está vestida con abrigos de piel y botas altas, y hay nieve en todos los alrededores. La razón por esto es que los inviernos rusos son largos y severos. Son comunes las temperaturas de 30 ó 40 grados bajo cero. La tierra está cubierta de nieve por meses. Grandes áreas están permanentemente heladas hasta una profundidad de más o menos un pie. El invierno acarrea muchas penalidades y sufrimientos para el pueblo ruso. La primavera es muy corta. Con frecuencia, cuando el hielo comienza a licuarse o fundirse, las áreas próximas se inundan. Luego llega el verano, generalmente corto y cálido. El otoño dura mucho. Y pronto llega otra vez el invierno.

La mayor parte de Rusia tiene este tipo de clima, conocido como continental. Es un clima con grandes extremos de temperatura en verano e invierno, estaciones cortas de primavera y otoño, y pequeñas cantidades de precipitación pluvial. Las únicas excepciones a este clima severo se encuentran en las áreas desiertas de Asia Central y en unas pocas áreas a lo largo del Mar Negro y Transcaucasia. Hay varias razones por qué Rusia tiene esta clase de clima.

1. Latitud

La mayor parte del país está en latitudes más septentrionales que los Estados Unidos. Moscú está mucho más al norte que Quebec. Leningrado está a la misma latitud que Anchorage, Alaska. Hasta el sector "cálido," el área del Mar Negro, está bastante más al norte que nuestros Grandes Lagos.

2. Distancia de los océanos

De este a oeste el territorio de la URSS se extiende por una distancia de alrededor de 6.000 millas. La mayor parte de la tierra está situada a grandes distancias del mar. Por lo tanto, la Unión Soviética no resulta mayormente afectada por los vientos cálidos de los Océanos Atlántico y Pacífico.

3. Barreras montañosas

Las corrientes de aire tropical provenientes del Océano Indico no pueden llegar al interior de Rusia debido a las altas barreras montañosas a lo largo de la frontera el sur.

4. Vientos

Los vientos helados del ártico soplan sobre la tierra desde comienzos del otoño hasta el fin de la primavera.

Muchas partes de Rusia padecen escasez de lluvia. Esto se debe a que los vientos provenientes de los océanos pierden la mayor parte de su humedad antes de alcanzar el interior de Rusia. Sólo en la parte occidental, cerca de los mares Negro y Báltico, pueden estar seguros los agricultores de obtener sufficient precipitación pluvial.

Zonas climáticas.

Debido a su tamaño, la Unión Soviética tiene muchas zonas climáticas o de vegetación.

1. Tundra

En el lejano norte, sobre la costa del Artico, se encuentra la tundra. El suelo está helado todo el año, excepto un corto período en el verano cuando el suelo se descongela. Aquí no hay árboles altos. La vegetación consiste en musgo, hierbas bajas y pequeños arbustos. El animal más común es el reno. Los pocos habitantes que viven en esta área viven de la pesca, la caza y las manadas de renos.

2. Taiga

Al sur de la tundra está la enorme *taiga* o zona forestal. Taiga es la palabra rusa para bosque. Esta amplia zona contiene alrededor de 1/4 del abastecimiento mundial de maderaje. A causa del clima frío, de la breve estación de cultivo y del suelo pobre, la mayor parte de la tierra no es buena para la agricultura. En la parte occidental (europea) de esta zona el suelo es mejor y se han talado los árboles para cultivar trigo, cebada y avena.

3. Estepa Más hacia el sur se llega a la estepa, que significa en ruso "llanura" pero se llama también pradera. Los veranos son cálidos y la lluvia esde 10 a 20 pulgadas por año. El suelo fértil, especialmente la *chernozem* (tierra negra) de Ucrania, se cuenta entre los mejores del mundo para la agricultura. Vastos campos de trigo y otras cosechas se cultivan aquí. Esta es el área agrícola principal de Rusia, su "panera."

4. Desierto A medida que uno se dirige hacia el sur, la caída de lluvia decrece y se llega al desierto. Este se extiende desde el Mar Caspio hacia el este. Es cálido y seco. La mayor parte es tierra yerma. Sin embargo, la Unión Soviética ha desarrollado algunos proyectos de irrigación para suministro de agua, de modo que millones de acres de tierra se han convertido en buena tierra de cultivo. Se cultiva algodón, tabaco, fruta y vegetales.

5. Mediterráneo A lo largo de las costas del Mar Negro se encuentra un clima similar al de California del sur. Los inviernos son cortos y templados, con abundante lluvia; los veranos son cálidos y secos. Se cultivan fruta cítrica, viñas y olivo. Este es también el gran lugar de vacaciones de la URSS.

TEMPERATURAS PROMEDIO — MÁXIMA Y MÍNIMA — Y PRECIPITACIÓN PLUVIAL

Ciudad	Enero Prom. Máx.	Enero Prom. Mín.	Julio Prom. Máx.	Julio Prom. Mín.	Precipitación anual promedio
NUEVA YORK	37	24	82	66	34.6 PULGADAS
KIEV	27	16	78	58	22.1 PULGADAS
MOSCÚ	21	9	76	55	24.8 PULGADAS
ARCÁNGEL	9	2	64	51	24.1 PULGADAS
LENINGRADO	23	12	71	57	19.2 PULGADAS
SVERDLOVSK	6	−5	70	54	16.7 PULGADAS
IRKUTSK	3	−15	70	50	14.9 PULGADAS

Localice estas ciudades en un mapa. ¿Qué factores pueden causar las diferencias en temperatura y precipitación pluvial en cada ciudad?

La Población de la Unión Soviética

Un antiguo proverbio campesino dice: "Rusia no es un país, es un mundo." Según las cifras de 1970, la población de la Unión Soviética es de 237.000.000 de personas. Muchas *nacionalidades* (grupos étnicos) diferentes constituyen esta población.

Los eslavos

Cerca del 75% de la población de las URSS pertenece al grupo llamado Eslavos. Los tres integrantes más importantes de este grupo son: los *Grandes Rusos,* los *Ukranianos* y los *Bielorusos* (a veces llamados Rusos Blancos). Los Grandes Rusos son, por mucho, la población más importante de la Unión Soviética. Constituyen casi el 50% de la población del país. Su idioma, el ruso, es el idioma oficial de la nación. Ocupan la mayoría de los puestos importantes en el gobierno. Los lenguajes de estos tres pueblos eslavos son parecidos. Todos se escriben en el mismo alfabeto — *cirílico* — que difiere del alfabeto usado en el resto de Europa. En muchos otros sentidos las culturas de estos tres grupos étnicos se parecen.

Los pueblos del Báltico.

A lo largo de las costas meridionales del Mar Báltico se encuentran los estados, anteriormente independientes, de Estonia, Latvia y Lituania. Estos pueblos habían sido conquistados por los rusos centurias antes. En 1919 se liberaron y alcanzaron la independencia, pero en 1940 fueron reanexados (tomados) por la Unión Soviética. Los tres tienen una cultura que es, básicamente, de Europa occidental. Sus lenguajes se escriben en alfabeto latino. Difieren de los eslavos en otros sentidos. Muchos de los eslavos pertenecen a la religión ortodoxa oriental. Los estonios y los latvios son luteranos (protestantes), mientras que los lituanos son católicos.

Pueblos de Asia central.

En Asia central se encuentran los *uzbekos,* los *turcomanos,* los *kazakos,* los *kirguises* y los *tadzhikos*. Muchos de estos pueblos hablan un idioma turquestano, excepto los últimos, cuya religión y cultura son musulmanas. Estos son pueblos principalmente agricultores y pastores.

Pueblos del Cáucaso

En el territorio al sur de los Montes Cáucasos, entre los mares Negro y Caspio, viven los armenios, georgianos y azerbaijanos. Estos pueblos son muy diferentes entre sí. Los azerbaijanos hablan un idioma turquestano, y son seguidores del Islam (musulmanes). Los georgianos y los armenios son cristianos. El idioma y alfabeto georgiano difieren de los otros que se encuentran en la Unión Soviética. Esto vale también para el idioma y alfabeto armenios.

Bailarinas Beryozkas. Las danzas e indumentarias tradicionales son todavía muy populares en URSS *(Arriba)*
Grandes Rusos *(Abajo)*
Crédito: *Misión Soviética ante las Naciones Unidas.*

La Población de la Unión Soviética

Judíos

En la Unión Soviética viven unos 3 millones de judíos. A diferencia de lo que ocurre con otras nacionalidades, sin embargo, no están establecidos en una área, sino diseminados por todo el país. Bajo los gobiernos zaristas, los judíos sufrieron frecuentes persecuciones a causa de su religión. Hoy día, a pesar de que muchos judíos detentan posiciones responsables en la Unión Soviética, todavía no son tratados en igualdad de condiciones con otros grupos. No tienen la misma oportunidad que tienen en la Unión Soviética otras nacionalidades, para observar su cultura. Es difícil obtener libros judíos. No existen escuelas donde los niños judíos puedan aprender su historia, sus tradiciones y su idioma. Muchas sinagogas han sido cerradas por los comunistas y los judíos encuentran difícil adquirir artículos religiosos, como libros y hábitos de oraciones. Desde la creación de un estado judío en Israel en 1948, el gobierno soviético ha sospechado que sus ciudadanos judíos simpatizan con Israel. Muchos judíos hubieran deseado abandonar la Unión Soviética y trasladarse a Israel, pero el gobierno soviético les hace muy difícil abandonar el país. En 1970, varios judíos fueron arrestados y acusados de haber intentado el secuestro de un avión soviético para llevarlo a Israel. Otros fueron aprisionados y acusados de tomar parte en el "complot." Los acusados fueron sentenciados a varios años de prisión en Siberia.

En el verano de 1972, el gobierno soviético implantó un "impuesto especial de educación." Todos los judíos educados en la Unión Soviética, especialmente médicos, ingenieros y científicos, debían reintegrar al gobierno el costo de su educación si decidían *emigrar* de (salir) la Unión Soviética. El mundo entero fué afectado por este anuncio, desde que ningún gobierno había hecho antes nada parecido. El impuesto era *exorbitante* (extremadamente alto), y llegaba a una suma entre 10.000 y 64.000 dólares. Era obvio que casi ningún ciudadano soviético podía permitirse pagar este impuesto. Muchos judíos que habían solicitado trasladarse a Israel fueron despedidos de su trabajo, y se les hizo difícil encontrar otro. Se quejaron de que la policía irrumpía en e investigaba sus domicilios y los perturbaba de muchos otros modos. La prensa soviética publicó muchas historias, fuertemente críticas de Israel y de los judíos. Algunos miembros del gobierno de los Estados Unidos intentaron persuadir a los soviéticos de que abolieran el impuesto. En el Congreso americano muchos senadores rehusaron *ratificar* (aprobar) el nuevo trato comercial con la Unión Soviética a menos que ésta dejara de exigir el impuesto a los judíos que deseaban abandonar el país. En varias ocasiones en 1972, se permitió a algunos judíos salir sin pagar el impuesto, lo que se interpretó como una medida dispuesta para complacer a los americanos. En abril de 1973 el gobierno soviético anunció que suspendería la aplicación del impuesto a los judíos que quisieran salir del país.

Nacionalidad y cultura.

¿Cómo han llegado a vivir tantos pueblos diferentes en un país? A lo largo de siglos los Grandes Rusos se han extendido, conquistando y dominando pueblos, y forzándolos a constituir un gran imperio. Bajo los zares, el gobierno ruso aplicó un esfuerzo sistemático para asimilar estos pueblos, esto es, para forzarlos a adoptar la cultura rusa.

Pero estos esfuerzos fracasaron. Al presente, el gobierno soviético permite a las distintas nacionalidades usar su propio lenguaje, observar sus propias costumbres y religiones, y disfrutar de su propia música, sus danzas, su literatura y su vestimenta. De hecho, la Unión Soviética está constituída por 15 repúblicas, que corresponden a los 15 grandes grupos étnicos del país. Dentro de su propia república nacional, cada grupo tiene cierto grado de autonomía o autogobierno. Sin embargo, en la práctica, las diferentes nacionalidades tienen que aprender ruso como segunda lengua. La historia y la cultrua rusa se enseñan en las escuelas de las distintas repúblicas. Y todos los pueblos de la Unión Soviética, no importa su nacionalidad, se encuentran bajo la estrecha supervisión y el control del gobierno comunista de Moscú.

Periódo de Kiev

La antigua Rusia

La historia rusa comienza alrededor del siglo VII después de Cristo. En esa época un grupo de pueblos llamados eslavos se estableció a lo largo del río Dniéper. Gradualmente fueron extendiéndose a lo largo de los otros ríos de la gran planicie rusa. Muchos otros pueblos habían vivido en territorio de Rusia antes de la llegada de los eslavos, pero sus imperios habían caído y desaparecido. Los que subsistieron fueron conquistados por los eslavos.

En el siglo IX Rusia fue invadida por grupos de noruegos o vikingos de Escandinavia. Según la leyenda, los eslavos invitaron a estos noruegos a llegar y a que los gobernaran. Rurik, su jefe, se convirtió en el primer jefe ruso en 862. Estos nórdicos fueron llamados también "rus," y de ellos se derivó el nombre de Rusia.

En esa época la capital de Rusia era Kiev. Estos primeros años se destacan como unos de los más brillantes de la historia rusa. Durante el mismo período, los pueblos de Europa occidental eran principalmente granjeros que nunca habían abandonado sus aldeas. Rusia, en cambio, contaba con muchas ciudades prósperas y estaba en contacto con otras grandes civilizaciones. Esto se debió a que el río Dniéper era una importante ruta comercial, que los rusos utilizaban para comerciar con Constantinopla y con Asia. Este comercio trajo a Rusia no sólo propseridad sino muchas ideas nuevas. Se encontraba en Rusia en este período, también, cierta forma de democracia. Cada ciudad tenía una asamblea (veche) en la que todos los ciudadanos varones libres podían votar por las decisiones importantes.

Influencia griega.

La civilización rusa fue influenciada por los griegos en Constantinopla. En 988 el príncipe Vladimir de Kiev decidió convertir al cristianismo al pueblo ruso. Eligió la forma de cristianismo practicada por los griegos, conocido como Ortodoxo Oriental. Los primeros sacerdotes, libros de oraciones y Biblias llegaron a Rusia desde Constantinopla. El alfabeto ruso fue una adaptación del griego. Las iglesias rusas, las catedrales y los *iconos* (pinturas religiosas) se modelaron siguiendo el estilo griego.

Decadencia y caída.

¿Por qué llegó esta civilización a su fin? Hay varias razones, pero la más importante es la geografía. Kiev está ubicada en la estepa, una planicie abierta que recorrían muchos pueblos nómades. Los nómades caían de continuo sobre las ciudades rusas y las despojaban de sus riquezas. Los más peligrosos eran los mongoles. En 1237 invadieron Rusia, destruyendo las ciudades rusas más importantes y matando a miles de habitantes. Por 200 años Rusia permaneció bajo el dominio mongol.

Rusia Bajo Los Mongoles
1237-1480

Muchos historiadores aducen que la invasión mongola retrasó el desarrollo de Rusia unos 200 años.

En la primera parte del siglo 13 las tribus mongólicas de Asia Central se unieron bajo la dirección de Genghis Khan. En unos pocos años los mongoles pudieron conquistar a sus vecinos, incluyendo a Rusia. Dado que en la estepa no había barreras que interrumpieran su avance, pudieron adelantarse fácilmente.

Resultados de la invasión mongola

La invasión mongola produjo various infortunados resultados.

1. Miles de rusos murieron. Alrededor del 10% de la población total fue esclavizado.
2. Las ciudades más importantes fueron quemadas hasta los cimientos. Un misionero católico que viajaba a través de Rusia en 1246 encontró innumerables huesos y cráneos a los lados del camino, y Kiev, una vez una ciudad de numerosa población, contaba sólo con 200 casas.
3. Los mongoles no dejaron subsistir ninguna democracia en Rusia. La asamblea, donde los rusos acostumbraban votar sus leyes, no pudo reunirse más.
4. Los rusos no se comunicaron con el mundo exterior. Esto se debió a que los poco amistosos alemanes, polacos y suecos cerraron el contacto entre Rusia y el oeste. Los mongoles también desalentaron este tipo de contacto. En este período se lograba, en Europa occidental, un gran progreso en ciencia, matemática y arte. Sin embargo, los nuevos conocimientos y los descubrimientos de este período, conocido como el Renacimiento (c. 1300 a 1600 DC), no llegaron a Rusia.

Mayúsculas	Minusculas	Letro o sonido equivalente en Español	Se pronuncia aproxi madamente como en
А	а	A	casa
Б	б	B	burro
В	в	V	vaca
Г	г	G	querra
Д	д	D	dato
Е	е	YE	igual
Ё	ё	Yo	iodo
Ж	ж	ZH	*
З	з	Z	Sonia
И	и	ee	mijo
Й	й	Y	estoy
К	к	K	bilómetro
Л	л	L	largo
М	м	M	muerto
Н	н	N	nada
О	о	O	oscuro
П	п	P	parranda
Р	р	R	red
С	с	S	espejo
Т	т	T	tiempo
У	у	OO	bula
Ф	ф	F	filo
Х	х	H	ajo
Ц	ц	ts	*
Ч	ч	Ch	churro
Ш	ш	Sh	*
Щ	щ	Shch	*
Ы	ы	i	mil
Ь	ь	soft sound	*
Э	э	E	ven
Ю	ю	U	judo ciudad
Я	я	Ya	*

*Estos sonidos no existen en español (N de T.)

Catedral de San Basilio, Plaza Roja, Moscú. Esta catedral, construída durante el reinado de Iván el Terrible, es una de las iglesias más famosas de Rusia. Hoy está habilitada como museo. Crédito: *Intourist*

Aunque los mongoles llegaron a Rusia como conquistadores, con el tiempo las dos culturas se influenciaron recíprocamente. Los mongoles abandonaron sus hábitos nómades, se establecieron entre los rusos y hubo hasta casamientos entre unos y otros. Muchas palabras mongolas llegaron a ser parte del idioma ruso.

Gobierno Mongol

Con todo, los mongoles no tenían verdadero interés en gobernar Rusia. Ni siquiera establecieron allí un gobierno efectivo. Su principal interés fue cobrar impuestos de los rusos y volverse ricos. Al principio ellos mismos cobraban los impuestos, pero más tarde dejaron que los príncipes rusos lo hicieran por ellos. De hecho, a los príncipes rusos se les permitió incluso gobernar sus pequeños dominios, aunque los dueños verdaderos seguían siendo los mongoles. A comienzos del siglo 14 el príncipe de Moscú recibió de los mongoles el título de Gran Príncipe. Se le concedió también el derecho de cobrar impuestos en toda Rusia. Los príncipes de Moscú acostumbraron con frecuencia reservar parte del dinero para sí mismos, y como consecuencia llegaron a ser los príncipes más poderosos de Rusia. En 1380 el Príncipe de Moscú rehusó entregar a los mongoles parte alguna del dinero recaudado. En la batalla que sobrevino los mongoles resultaron derrotados. El pueblo ruso empezó a considerar a los príncipes de Moscú como jefes de toda Rusia. Tomó otros cien años para que los rusos se liberaran por fin de los mongoles.

Rusia Se Une Bajo los Príncipes de Moscú

Después de más de 200 años bajo los mongoles, los rusos pudieron por fin expulsar a sus conquistadores y convertirse una vez en nación independiente. Hacia mediados del siglo 16 los príncipes de Moscú tuvieron éxito en su intento de unir todas las tierras rusas bajo su gobierno y de convertir a Moscú en capital del país. El príncipe de Moscú llegó a ser conocido como el *tsar* (zar) o rey de Rusia. Varias razones explican por qué ocurrió esto.

1. Los mongoles mismos lo hicieron posible, al permitir que los príncipes de Moscú cobraran sus propios impuestos. De esta manera se convirtieron en los gobernantes más poderosos de Rusia.
2. La iglesia rusa ayudó también al zar a volverse todopoderoso. Se dijo al pueblo ruso que el zar había sido elegido por Dios y que se tenía que obedecerlo como se obedecería a Dios. Desobedecer o cuestionar lo que el zar decía era considerado un pecado, castigado con la *excomunión* (ser "expulsado" de la Iglesia). Dado que el pueblo ruso era muy religioso y creía en la *salvación* (ser salvado e ir al cielo), temía oponerse al zar.
3. La geografía ayuda también a explicar por qué Moscú llegó a ser la capital. Está

localizada en la región de la *taiga* (forestal). La floresta protegía a la población de ataques enemigos. Moscú está, además, ubicado en la confluencia de tres ríos. Esto facilitaba a su población comerciar y comunicarse con la población de otras partes de Rusia.

4. Otra razón que explica el poder del zar es su uso de la fuerza para eliminar toda oposición. Quienquiera que se opusiera al zar u objetara su política era acusado de *traición* (de ser desleal al gobierno) y era torturado y *ejecutado* (se le daba muerte). El zar más cruel fue *Iván el Terrible*. Estableció una policía especial de seguridad conocida como *Oprichniki*. La tarea de esta policía consistía en espiar la población para descubrir quién era desleal. Las víctimas incluyeron al propio hijo de Iván, otros miembros de su familia, nobles, príncipes, sacerdotes, terratenientes, gente común y hasta los propios verdugos.

El nuevo estado ruso, con Moscú como capital, fue muy diferente de la vieja Rusia del período de Kiev. En este período había habido alguna forma de democracia, la población era, de algún modo, libre para hacer lo que le placía, y el poder del gobernante era limitado. En la nueva Rusia los pobladores fueron considerados sirvientes del Estado y el poder del zar fue ilimitado y absoluto.

Pedro el Grande y la Occidentalización de Rusia
1689-1725

Rusia y el Occidente

Desde la caída de la Rusia de Kiev, los jefes habían encarado el problema de ponerse al nivel del Occidente. En la época en que Pedro se convirtió en zar en 1689, Rusia estaba muy atrasada, respecto de Rueopa, en industria, ciencia, educación y poder. Pedro pensó que si podía occidentalizar a Rusia, esto es, adoptar la cultura de Europa occidental, haría poderosa a Rusia.

Ante todo, Pedro decidió ver Europa por sí mismo. Con un grupo de rusos, pasó varios meses en Holanda, Inglaterra y varias ciudades alemanas. En estos países estudió arquitectura naval, navegación, artillería, arquitectura, ingeniería, fortificación, impresión y otras materias. Trabajó en astilleros e inspeccionó fábricas. Cuando regresó a Rusia llevó consigo cientos de *técnicos* (trabajadores especializados).

Pedro introduce cambios en Rusia

El primer día de su regreso a Moscú, Pedro se mostró en público en ropa europea, cortando con una tijera las barbas de los nobles. El gobierno emitió órdenes que disponían que todo hombre o mujer, excepto los clérigos y los aldeanos, debían usar ropa al estilo alemán o francés, bajo amenaza de multas y castigo cruel.

Pedro introdujo en Rusia el calendario europeo. Aparecieron los primeros periódicos. Las escuelas fueron puestas al día y se imprimieron los primeros libros de aritmética, geometría, geografía, ingeniería e historia.

Para fortalecer a Rusia, era también necesario promover la industria. Fueron explorados los recursos naturales, se abrieron minas de hierro y se desarrolló una importante industria en este renglón. Se abrieron fábricas para manufacturar equipo militar.

Las guerras de Pedro el Grande

Pedro pensó que para hacer fuerte a Rusia, era necesario controlar el Mar Báltico y el Mar Negro. Por medio de este doble control Rusia podría tener acceso al mundo exterior. Como que el Báltico estaba controlado por los suecos y el Mar Negro por los turcos, la mayor parte del gobierno de Pedro se orientó a combatir a estos dos países. Después de muchos años los rusos vencieron a los suecos y recibieron de Suecia territorios sobre las costas del Báltico. En este punto Pedro comenzó a construir una flota poderosa y una nueva capital, San Petersburgo, que abrió a Rusia las puertas de Europa. Se llamó a arquitectos europeos y la nueva capital se convirtió en una moderna ciudad europea.

La política de Pedro afecta al pueblo ruso.

Las guerras de Pedro costaron una fortuna a Rusia. Para financiarlas, el gobierno estableció un impuesto sobre cuanta cosa pudiera imaginarse — bigotes, barbas, sombreros, libros, pepinos, sal y otros artículos. El más importante fue la capitación sobre todas las "almas masculinas." Esto significaba que todo hombre debía pagar al gobierno un impuesto sólo por estar vivo. Dado que las clases *privilegiadas* (ricas) no tenían que pagar esta capitación, los pobres aldeanos cargaron con todo el costo.

Los métodos de Pedro para implantar la reforma fueron extremadamente crueles. El zar no vaciló en usar la fuerza para cambiar a Rusia. Quienes más sufrieron fueron los pobres. Los mendigos y los criminales fueron apresados y enviados a trabajar en fábricas donde debían permanecer permanentemente. Trabajando en los gigantescos proyectos públicos, como la construcción de la flota del Báltico y de la nueva capital, San Petersburgo, miles murieron por el frío, el hambre y las enfermedades. Los soldados rusos, pobremente vestidos y armados, iban a menudo al combate sin abastecimientos ni paga y morían por miles. Los que se oponían a Pedro eran torturados y ejecutados.

Catalina Continúa la Obra de Pedro

Catalina la Grande, que gobernó Rusia desde 1762 a 1796, fue una mujer notable en muchos sentidos. Como Pedro, se fijó dos metas: llevar la cultura europea a Rusia y hacer poderosa la nación. Mostró una gran habilidad para conducir el gobierno ruso, pero muchas de sus ideas ilustradas sobre *la reforma* (cambio) de Rusia jamás fueron realmente puestas en práctica.

Política Internacional.

La razón principal por la fama de Catalina se dio en el campo de la política internacional. Bajo su gobierno el área de Rusia se incrementó en 200.000 millas cuadradas. La mayor parte de su reinado, como el de Pedro, transcurrió en guerra con los turcos. Catalina estaba decidida a destruir el imperio turco y a adquirir para Rusia gran parte de su territorio. Como consecuencia de algunas victorias importantes sobre los turcos, los rusos ganaron Crimea y otras tierras en el Mar Negro. Aquí construyeron el importante puerto de Odessa. Adquirieron también el derecho de libre navegación para su flota mercante en el Mar Negro. Hacia el oeste, Catalina obtuvo grandes superficies de Polonia por el acuerdo con Austria y Prusia, dos naciones europeas, de dividir ese país.

Influencia del Occidente

Catalina estaba grandemente impresionada por la cultura europea, especialmente la francesa, que consideraba superior a la de Rusia. Ella misma hablaba francés y alemán además de ruso. Dedicaba gran parte de su tiempo a mantener correspondencia con los más grandes excritores franceses de la época y cambiando ideas con ellos sobre diversos asuntos. Se informó ampliamente sobre el arte, la música, la literatura y el pensamiento político de Europa, y se manifestó en favor de introducir estas ideas en Rusia. El idioma francés, las modas y la literatura francesas se hicieron muy populares entre las clases altas de Rusia. Los pudientes invitaban tutores franceses para educar a sus hijos. Fueron llamados a Rusia artistas y arquitectos extranjeros; los autores europeos fueron traducidos al ruso. Muchas valiosas obras de arte fueron adquiridas fuera de Rusia. Se alentó a los escritores rusos, y se imprimieron libros. Pero por lo general, la cultura europea era algo reservado a los ricos. El resto de la población resultó apenas influenciada. Se habilitaron en las ciudades algunas escuelas elementales y superiores, pero nada se hizo para extender la educación a las aldeas donde vivía la mayoría de la población rusa.

Catalina pensó que Rusia podía tener una constitución y un sistema legislativo basados en principios europeos. Se nombró una comisión para examinar los modos de reformar el gobierno ruso, pero no se llegó a ningún resultado. Ocurrieron algunos cambios en el gobierno local. Con todo, no se introdujo ningún auto-gobierno efectivo.

Política interna

De diversos modos se promovieron nuevas industrias, tanto como el comercio con otros países. Pero las finanzas rusas estaban en mala situación, con déficit presupuestario y deudas contraídas como resultado de los gastos pródigos de Catalina. Hacia el final de su reinado, Rusia no había logrado un adelanto económico real.

El reinado de Catalina ha sido llamado la Edad de Oro de la *nobleza* (clases altas que detentaban la propiedad de la tierra). Se sancionaron varias leyes sancionando los privilegios especiales de la nobleza. No debía ésta pagar la capitación. Se protegía su derecho a heredar la propiedad. Se dió a los señores completa autoridad sobre sus siervos (ver sección sobre servidumbre).

Al mismo tiempo, empeoró la vida para la mayoría de la población rusa. Se promulgaron leyes prohibiendo a los siervos quejarse contra sus señores, y prohibiendo que abandonaran a sus dueños. La servidumbre se extendió a los nuevos territorios. Catalina rehusó considerar la *emancipación* (liberación) de los siervos, o reformar el sistema para hacer su vida más fácil.

Los campesinos que trabajaban para el Estado padecieron grandes penurias. Se vieron obligados a trabajar en minas y fábricas en condiciones terribles y con bajos salarios. Se incrementó la capitación que debían pagar. Su descontento se hizo sentir en la Guerra Campesina de 1773-1774, cuando miles de campesinos, conducidos por un ex-militar llamado Pugachev, mataron a sus amos y destruyeron sus propiedades. Con grandes dificultades el gobierno ruso tuvo éxito en sofocar esta rebelión.

Alejandro I y la Invasión Napoleónica de 1812

Hacia 1801, cuando llegó a ser zar Alejandro I, Rusia era ya una de las más poderosas naciones de Europa. Durante los años 1801 a 1815, Napoleón, que gobernaba Francia, trató de conquistar el resto de Europa y de ponerlo bajo su control. Rusia y Francia desconfiaban una de otra, y cada una temía que la otra se volviera demasiado fuerte. Por algún tiempo ambos países se aliaron en una guerra contra Inglaterra, pero esta alianza no podía durar.

La invasión Napoleónica

El 24 de junio de 1812, Napoleón invadió Rusia con un Gran Ejército de 575,000 hombres. Este era el ejército más poderoso de Europa y los rusos no estaban preparados para la guerra. Las tácticas rusas, por lo tanto, fueron la retirada a Moscú, incendiando y destruyendo todo cuanto pudiera ser de utilidad al enemigo en su camino. Luego, el ejército ruso abandonó Moscú, y cuando Napoleón entró en la ciudad el 14 de setiembre, la encontró desierta.

Los soldados de Napoleón comenzaron su retirada en octubre. En el momento en que salieron de Rusia en diciembre, todo lo que quedaba del Gran Ejército era 30,000 hombres. El ejército ruso persiguió entonces a Napoleón hasta el interior de Europa. En marzo de 1814, Alejandro entró a París y Napoleón abdicó (abandonó) su trono. Las tropas rusas ocuparon París por tres años.

¿Cómo llegó a ser derrotado Napoleón, uno de los conquistadores más grandes del mundo? En la Unión Soviética actual se piensa que fue debido al valeroso pueblo ruso, que luchó bravamente para rechazar al enemigo. El el occidente, sin embargo, se cree que la geografía, tanto como las enfermedades y el hambre entre los soldados de Napoleón, fueron causa de su derrota. El mismo Alejandro escribió en 1811 que si Napoleón desataba una guerra, "tenemos vastos espacios a los que retirarnos, y protegeremos un gran ejército organizado . . . Dejaremos ganar la guerra a nuestro clima, a nuestro invierno." Cuanto más profundamente se internaba Napoleón en Rusia, tanto más su ejército comenzaba a carecer de abastecimientos. Los alimentos y las municiones se agotaron, y los soldados sufrieron hambre, enfermedades y frío.

Efectos de la invasión

La guerra causó mucho sufrimeinto al pueblo ruso. Su vida se hizo mucho más difícil a causa de la destrucción producida por la guerra y el alto costo de ésta. Los impuestos fueron muy elevados. En comparación con el resto de Europa, Rusia seguía atrasada. Las cortes estaban corrompidas y las prisiones apiñadas. La mayor parte de la población quedó esclavizada por un sistema conocido como servidumbre. Alejandro hizo grandes promesas de introducir cambios y de reformar el gobierno ruso, pero no se hizo nada.

Los jóvenes oficiales y los soldados rusos, de regreso en su hogar después de varios meses en el occidente, pronto se percataron de la debilidad, la corrupción y la falta de libertad imperantes en su país. Más y más frecuentemente comenzaron a escucharse las demandas de cambio. Los poetas y los escritores expresaron su anhelo de libertad. Se formaron grupos que demandaban una constitución, libertad de prensa y de religión, el derecho de votar y otras cosas. Algunos de estos hablaron hasta de la necesidad de una *revolución* (derrocamiento del gobierno) y del *regicidio* (dar muerte al zar). El gobierno se hizo más suspicaz y vigilante e hizo cuanto pudo para romper la oposición. Esto sólo consiguió que el pueblo se opusiera con más fuerza al gobierno.

Rusia en el Siglo 19

La policía de seguridad.

Nicolás I, que se convirtió en zar en 1825, tenía conciencia del descontento existente en Rusia. Sabía también que no podría ser zar por mucho tiempo. Por lo tanto, para prevenir cualquier posible revolución, estableció una nueva y todopoderosa policía de seguridad. La policía "debía saber lo que estaba ocurriendo entre el pueblo, cuáles eran los pensamientos de éste, de qué hablaba . . . se volvió necesario penetrar en los corazones de los hombres y sus pensamientos más secretos." Una enorme red de agentes secretos quedó establecida, integrada por hombres y mujeres de cada clase social, y hasta por niños de las escuelas. El poder de la policía era ilimitado. A lo largo del siglo 19, miles de personas fueron arrestadas, enviadas a Siberia y algunas hasta asesinadas.

El gobierno desconfiaba especialmente de los estudiantes universitarios. Luego de un intento fallido, por parte de un ex-estudiante, de asesinar al zar Alejandro II, el gobierno ordenó que la policía ejerciera sobre todos los estudiantes una estrecha vigilancia, y prohibió todas las actividades estudiantiles. El gobierno mantuvo un estricto control sobre el *curriculum* escolar. No se autorizaban materias tales como historia y literatura, porque los estudiantes podían derivar de ellas ideas revolucionarias. Fueron expulsados los maestros que de algún modo criticaban al gobierno. Los inspectores visitaban a los estudiantes en sus casas y los controlaban todo el tiempo. Para facilitar la supervisión los estudiantes debían vestir uniformes, aún durante las vacaciones de verano.

Censura

En el siglo 19, ningún escritor podía criticar al gobierno. Se promulgaron leyes de censura. El propósito era examinar todos los libros, periódicos, revistas y panfletos antes de que fueran publicados. No se permitía imprimir ninguna crítica. Muchos periódicos y revistas fueron prohibidos. Los editores y autores que se atrevían a escribir contra el gobierno eran arrestados y enviados a Siberia. Muchos de los más grandes escritores rusos resultaron afectados por estas leyes.

Burocracia

El conjunto de personas que procesaban las decisiones del gobierno — alcaldes, gobernadores, jueces, inspectores, directores de escuela y otros — se conocían como "la burocracia." La burocracia de Rusia en el siglo 19 se destacó por su corrupción e ineficacia. Muchos de estos oficiales tenían apenas alguna educación y eran incapaces de tomar decisiones inteligentes. Además de ser corruptos, aceptaban sobornos para realizar cualquier trámite. Los más altos funcionarios del país eran con frecuencia amigos o parientes del zar y en muchos casos carecían de la educación o la experiencia necesarias para hacer bien su trabajo. Las decisiones que tomaban el zar y sus ministros no se ejecutaban, con frecuencia, por años. El dinero asignado a proyectos públicos, como escuelas, caminos y hospitales iba a parar al bolsillo de estos funcionarios. Estos vivían bien, vestían ropa costosa, comían y bebían las mejores comidas y los mejores vinos, daban bailes magníficos y no se preocupaban por el atraso de Rusia ni por el sufrimiento de su pueblo.

El Campesinado– La Servidumbre y Después

Como comenzó la servidumbre

Hasta 1861 los campesinos (pequeños granjeros o trabajadores agrícolas) estuvieron esclavizados por un sistema conocido como *servidumbre*. Aunque no eran esclavos de nombre, los siervos no estaban, de hecho, mejor que los esclavos. Cientos de años antes, los siervos habían sido agricultores independientes, pero por distintas razones su tierra había sido tomada por poderosos terratenientes. Estos eran príncipes, nobles, la iglesia o hasta el mismo gobierno ruso. Al principio, los campesinos fueron considerados arrendatarios y debían pagar una renta a sus señores. A veces les pagaban entregándoles parte de sus cosechas, otras veces debían trabajar cierto tiempo en la tierra del señor. Originalmente eran hombres libres, que podían abandonar a su señor en cualquier momento. Sin embargo, con frecuencia los campesinos se encontraban en situaciones difíciles y debían pedir dinero a sus señores. Muchas veces no podían devolverlo. Según la ley, ningún campesino podía abandonar a su señor hasta que hubiera pagado sus deudas. Finalmente, se promulgaron leyes prohibiendo que los campesinos abandonaran a sus señores en cualquier circunstancia. El campesino fue entonces considerado un siervo, sujeto a la tierra y sometido a su amo. Dado que el sistema era hereditario, sus hijos y nietos se convertían también en siervos.

La vida bajo la servidumbre

La vida del siervo ruso era muy difícil. El señor tenía derecho de vender sus siervos, con o sin familia, o simplemente de regalarlos. Podía obligarlos a convertirse en cocineros, caballerizos, sastres, zapateros o carpinteros. Podía forzarlos a servir en el ejército, golpearlos, enviarlos a la cárcel o deportarlos a Siberia. Si un siervo huía y era capturado, el señor por sí decidía el castigo. Bajo la ley, los siervos no podían presentar quejas a su señor, ni los señores eran castigados si causaban la muerte de sus siervos.

La única salida para el siervo era escapar. Durante los siglos 16 a 19, miles de siervos huyeron a los Urales, Siberia, Polonia y el Cáucaso. Si resultaban capturados eran severamente castigados. Eran también frecuentes las rebeliones de campesinos. Durante éstas, mataban a sus señores e incendiaban sus propiedades.

La emancipación

Hacia comienzos del siglo 19 los rusos comenzaron a hablar de emancipación. Sin embargo, no fue hasta 1861 que Alejandro II, conocido como el Zar-Libertador, emancipó a los siervos. Alejandro estaba sólo en parte interesado en el bienestar de los siervos. Le preocupaba más el estado de debilidad y de atraso de Rusia, que consideraba consecuencia de la servidumbre. Temía, también, una revolución campesina. "Es mejor abolir la esclavitud (servidumbre) desde arriba, que esperar la hora en que comience espontáneamente a abolirse por sí misma desde abajo," dijo a los nobles.

Efectos de la emancipación

Los siervos fueron libres, pero la vida siguió siendo tan dura como antes. Según la ley, se suponía que los campesinos recibieran una "adecuada" porción de tierra. Pero la ley no aclaraba qué quería decir "adecuada," así que en muchos casos el campesino terminaba con menos tierra de la que tenía antes de la emancipación. Además, los campesinos debían pagar a los señores para adquirir la tierra y los cargos eran usualmente muy elevados. Había impuestos que pagar al gobierno, incluyendo la capitación. Se acumularon deudas que los campesinos no podían pagar. El nivel de vida del campesinado ruso era extremadamente bajo, con recursos de comida apenas suficientes para alimentar la propia familia.

A través de toda Rusia hacia fines del siglo 19 y comienzos del 20, los campesinos comenzaron a sublevarse. La única solución para ellos parecía ser apoderarse de la tierra que pertenecía al gobierno y la nobleza. El gobierno tomó medidas para ayudar a los campesinos, como abolir los pagos por la tierra y otorgar préstamos a los campesinos. Pero éstos querían que les fuera entregada la totalidad de la tierra. Los comunistas, encabezados por Lenin, fueron los únicos que comprendieron esto, y su promesa de reintegrar toda la tierra a los campesinos contribuyó a su victoria en 1917.

El Movimiento Revolucionario

Los Revolucionarios

Con el transcurso de los años, cada vez más gente creía que el único modo de lograr una sociedad democrática y justa en Rusia consistía en derrocar al gobierno. Los revolucionarios rusos del siglo 19 eran principalmente hombres jóvenes, muchos de ellos en los 20 años. Procedían de familias prósperas y tenían una buena educación. Con todo, estaban dispuestos a abandonar sus vidas confortables y afrontar toda clase de peligros, y aún la muerte, con la finalidad de expulsar al zar.

Los revolucionarios rusos estaban fuertemente influenciados por las ideas europeas de democracia e igualdad. De hecho, muchos de los revolucionarios pasaron buena parte de su vida en exilio en Europa para evadir su detención por la policá rusa. Allí publicaron periódicos y panfletos describiendo las terribles condiciones de Rusia y reclamando cambios. Los periódicos llegaron a Rusia de contrabando. Con todo, después de algunos años se hizo obvio que el escribir artículos no era lo suficiente para derrocar al gobierno. Debían encontrarse nuevos caminos.

Los Populistas

Hacia la década del 70, muchos de los revolucionarios pertenecían a un grupo conocido como los *Populistas*. Estos creían que sólo los campesinos podían llevar a cabo la revolución. Por lo tanto, su labor consistió en educar y organizar a los campesinos para la revolución. Miles de populistas fueron a las aldeas, fábricas y escuelas, para difundir sus ideas entre el pueblo. No obstante, y a pesar de las penurias que sufrían, los campesinos no estaban todavía preparados para levantarse en una revolución. Estaban demasiado ocupados, preocupándose por sus cosechas y tratando de alimentar a su familia, como para pensar en la revolución. De hecho, muchos campesinos desconfiaban de los populistas y ayudaban a la policía a acorralar y arrestar a los revolucionarios.

Tierra y Libertad

Muchos de los revolucionarios fueron a dar a la cárcel. Los que eludieron el arresto se dieron cuenta de que el pueblo todavía no estaba listo para la revolución. Muchos se dedicaron al terror político. Se reunieron en una sociedad secreta llamada *Tierra y Libertad* e hicieron planes para asesinar al zar y a otros importantes funcionarios oficiales. Se elaboraron secretamente bombas y municiones, y se colocaron minas en lugares estratégicos. Muchos atentados se perpetraron contra la vida del zar Alejandro II, y éste resultó finalmente muerto por una bomba en 1881. Cientos de otros funcionarios oficiales perdieron la vida.

El fracaso de los primeros revolucionarios

Pero el asesinato no hizo que la revolución se adelantara. Alejandro II fue seguido por su hijo Alejandro III, que era más antidemocrático que algunos de los zares anteriores. La policía secreta se hizo todavía más fuerte. La vida en Rusia empeoró, no mejoró.

De nuevo los revolucionarios se encontraron en la cárcel o en el exilio. Amargamente decepcionados con sus fracasos, comenzaron a elaborar un nuevo plan que tendría éxito. Muchos se volcaron a las ideas de Karl Marx, un gran pensador alemán, como una posible respuesta. Al mismo tiempo, comenzaron a pensar que si organizaban un partido de hombres dedicados, disciplinados, este partido podría derrocar al gobierno.

La Revolución Rusa de 1905

Causas de la revolución

Los años entre 1890 y 1905 fueron muy difíciles para el pueblo ruso. La hambruna de 1891-1892 y la pérdida de la cosecha de 1897, 1898 y 1901 causaron grandes sufrimientos a los campesinos. Los trabajadores urbanos no estaban mucho mejor. Las condiciones de trabajo seguían siendo pobres, y los salarios eran muy bajos. En la década del 90 los trabajadores comenzaron a declararse en huelga en toda Rusia. Las demostraciones estudiantiles se hicieron más frecuentes y los estudiantes se volvieron en su mayoría revolucionarios. Los asesinatos políticos siguieron cobrando vidas de muchos funcionarios oficiales.

Para empeorar las cosas, en 1904 Rusia se encontró en guerra contra Japón. Dado que los

Vladimir Lenín — padre de la revolución comunista. En toda la Unión Soviética se encuentran estatuas y fotografías de Lenín.
Crédito: *Misión Soviética ante las Naciones Unidas.*

rusos estaban completamente faltos de preparación para esta guerra, los japoneses los derrotaron en corto tiempo. El pueblo ruso estaba deprimido y humillado. Sentía que algo malo ocurría con Rusia si un pequeño país asiático podía derrotarlo tan fácilmente.

Domingo sangriento

En enero de 1905 estalló en San Petersburgo una huelga que se extendió con rapidez a otras regiones del país. El domingo 9 de enero de 1905, miles de trabajadores, llevando peticiones y conducidos por un sacerdote, marcharon sobre el palacio del zar. Aunque mantenían el orden, se ordenó a las tropas del gobierno disparar contra ellos y resultaron muertos 130 y heridos varios cientos. Este día llegó a ser conocido como "el domingo sangriento," y durante los siguientes diez meses hubo motines y huelgas por toda Rusia. Hacia octubre, la situación había empeorado tanto que los bancos, los comercios, las escuelas, las cortes y las oficinas del gobierno tuvieron que cerrar.

Las reformas de 1905

El zar Nicolás II advirtió que no sería por mucho tiempo a menos que accediera a algunas de las demandas del pueblo. Nicolás prometió al pueblo ruso su primera constitución. Habría libertad de reunión y libertad de prensa. El zar accedió también a establecer una legislatura (llamada Duma), que aprobaría las leyes propuestas por el zar.

Nicolás había sido forzado por los acontecimientos a hacer estas promesas. No era del todo sincero, y en el término de pocos años todas fueron quebrantadas. Las libertades que se habían garantizado no se concretaron. Cada vez que se elegía una Duma sus miembros no estaban de acuerdo con el zar. Nicolás sencillamente la clausuraba y prohibía su reunión. Nuevamente comenzaron las demostraciones estudiantiles y obreras. Los revolucionarios se vieron una vez más en la cárcel o en Siberia.

La revolución no estalló en este momento porque el gobierno hizo varios intentos para mejorar la situación de los campesinos. Entregaron más tierras a los campesinos y se les pagaron mejores precios por sus cosechas. Se puso fin a los pagos que se les exigía hacer por la tierra. Se necesitaría otra gran sacudida para que los campesinos se sublevaran contra el gobierno.

La Guerra Mundial I y la Revolución de Marzo de 1917

Rusia en la Guerra Mundial.

En 1914, Rusia se vio envuelta en la guerra al lado de Inglaterra y Francia contra Austria y Alemania. Rusia no estaba preparada ni militar ni económicamente para esta guerra. Al comienzo la mayoría del pueblo apoyó el esfuerzo de guerra del gobierno. En corto tiempo, sin embargo, a medida que tal guerra aumentó el sufrimiento del pueblo ruso, el descontento se extendió. Por todas partes había escasez de alimentos; el precio de la comida llegó a cuatro veces el que era antes de la guerra; bajaron los salarios. En el frente había escasez de municiones, mala conducción, retiradas y grandes pérdidas de hombres. El gobierno ruso era completamente incapaz de manejar la situación. En agosto de 1915, el zar Nicolás II decidió dirigir personalmente su ejército al combate. Dejó el control del gobierno en manos de su esposa, que estaba bajo la influencia de Rasputín, un campesino borracho e ignorante. Todo el mundo vio que se acercaba el desastre. Los campesinos jamás entendieron el propósito de la guerra. Hubo rendiciones en masa al enemigo. Los oficiales temían ser muertos por sus propios hombres.

La Revolución de Marzo

En febrero de 1917, las amas de casa descontentas que esperaban ante un almacén en Petrogrado (San Petersburgo) comenzaron a armar motines al saber que no se podía conseguir alimento. En los días siguientes creció el número de manifestantes y la violencia se incrementó. El zar envió tropas para que dispararan sobre el pueblo, pero esta vez las tropas se pusieron de parte de éste. El 2 de marzo, Nicolás *abdicó*. Los soldados y el pueblo de la capital habían hecho la revolución que el resto del país aceptó.

El gobierno provisional.

Por primera vez en cientos de años Rusia se encontraba sin gobierno. Por lo tanto la Duma estableció un Gobierno Provisional (Temporario) para mantener el orden y conducir la guerra. Al mismo tiempo, los soviets comenzaron a aparecer por todo el país. En ruso, ''soviet'' significa Consejo. Los soviets eran consejos formados por trabajadores, soldados y revolucionarios y tenían gran poder porque el pueblo apoyaba a los soviets más que al gobierno provisional. El gobierno había decidido continuar la guerra. Pero el ejército quería volver a casa, y el pueblo reclamaba paz. Los Bolcheviques (Comunistas), que tenían gran poder en los soviets, clamaban también por el fin de la guerra. A medida que los meses pasaron, el gobierno provisional perdió el apoyo del pueblo ruso.

Marx, Lenín y la Revolucion de Noviembre de 1917

La vida europea en el siglo 19

En el siglo 19 Europa se encontraba en el centro de la Revolución Industrial. Muchos bienes no eran ya elaborados a mano en las casas, sino en fábricas por medio de máquinas.

Los dueños de fábricas y minas se hicieron muy prósperos. Por otro lado, los trabajadores eran muy pobres porque recibían salarios muy bajos. Además, las condiciones en que trabajaban eran muy malas. Las fábricas eran sucias y mal ventiladas. La mayoría trabajaba doce horas por día, y muchos tanto como dieciocho horas.

Si en la fábrica ocurría un accidente y el obrero resultaba herido o muerto, ni él ni su familia recibían compensación alguna. Niños pequeños, a veces de tan corta edad como seis años, pasaban largas horas trabajando en la fábrica. A veces dormían en bancos de madera o sobre el piso de la fábrica, para estar listos a trabajar temprano en la mañana. Los trabajadores y sus familias se apiñaban en los sectores más pobres de la ciudad.

Marxismo — La filosofía de Karl Marx

Karl Marx fue un pensador alemán que al mirar alrededor notó toda esta pobreza. Pensó que las cosas no podían seguir como estaban. En 1848 escribió un panfleto titulado "Manifiesto del Partido Comunista," en el que esbozaba sus ideas.

Marx pensaba que desde el comienzo de la historia los hombres se han dividido en dos clases. A veces se llamaron hombres libres y esclavos; a veces señor y siervo; pero una clase era rica y la otra pobre. Ambas clases han luchado siempre entre sí y por eso Marx dice que toda la historia es la historia de la *lucha de clases*. Marx llamó a las dos clases del siglo 19 *burguesía* y *proletariado*. La burguesía estaba formada por quienes poseían las fábricas y el *capital*. Son los empleadores o patrones. Los proletarios son los trabajadores. La burguesía se ha vuelto más y más rica hasta hacerse tan poderosa que controla el gobierno. Su único interés es ganar más dinero, y a este fin utilizan al proletariado. Masas de trabajadores se apiñan en las fábricas: su trabajo es monótono. Tan pronto como reciben su salario, el casero, el comerciante y el prestamista están tras él por el dinero. Con el desarrollo de la industria el proletariado crece en número, sus fuerzas aumentan y siente que puede más. Los trabajadores forman uniones contra la burguesía. Ocurren choques cada vez más frecuentes. Los trabajadores se levantarán y echarán abajo a la burguesia. La victoria del proletariado es *inevitable* (debe occurir).

Marx dice que los intereses de los comunistas son los mismos que los de los trabajadores. Su propósito es: organizar a los trabajadores, derribar a la burguesía, y apoderarse del gobierno.

Los comunistas se oponen a toda propiedad privada. Una vez que el pueblo trabajador esté en el poder, no permitirán que los individuos posean granjas, fábricas, minas o bancos. Todo pertenecerá a todos los trabajadores y será manejado por el gobierno. Con el tiempo, una sociedad sin clases y sin Estado aparecerá, en la cual el pueblo se guiará por el siguiente principio: "de cada uno según su capacidad, a cada uno de acuerdo con sus necesidades."

Diferencias entre Marx y Lenín

V. I. Lenín es considerado padre del actual estado comunista en Rusia. Nacido en el seno de una familia de clase media, desde temprana edad se metió en la actividad revolucionaria. Su hermano mayor fue ahorcado por participación en el intento de asesinar al zar Alejandro

III, y el joven Lenín fue expulsado de la universidad por sus actividades políticas. Más tarde arrestado y exilado a Siberia, emigró a Europa, donde permaneció hasta que ocurrió la revolución.

Lenín fue un fiel seguidor de Karl Marx, pero, sin embargo, introdujo algunos cambios importantes en las ideas de éste. Marx creía que la revolución y el triunfo del proletariado eran inevitables. Lenín dijo que esto no era necesariamente verdad. Si se quiere una revolución comunista, dijo, se debe contar con un grupo organizado, dedicado, de revolucionarios que se adueñen del poder (derroquen al gobierno). Marx creía que con el tiempo el estado (gobierno) se "marchitaría" (desaparecería). Lenín y sus seguidores hicieron al gobierno ruso más poderoso de lo que jamás había sido.

Lenín y la revolución de noviembre

Lenín era un excelente orador y supo poner al pueblo de su parte. El Gobierno Provisional estaba teniendo grandes dificultades por su determinación de continuar la guerra y debido a que no hacía nada en favor de los campesinos. El lema de Lenín "Paz, Tierra y Pan" le ganó el apoyo de muchos. "Paz" llegaba a los soldados, que estaban hartos de la guerra y querían volver a sus hogares. "Tierra" llegaba a los campesinos, y "Pan" atrajo a la mayoría de los trabajadores que sentían la escasez de alimentos.

La mayoría de los miembros del Partido Bolchevique (Comunista) no pensaba que Rusia estuviera preparada para una revolución comunista. Pero Lenín insistió en que los Comunistas debían adueñarse del poder inmediatamente. El 7 de noviembre de 1917, grupos armados de bolcheviques ocuparon la mayoría de los edificios del gobierno y arrestaron a los miembros del Gobierno Provisional. En menos de 24 horas los comunistas habían conseguido apoderarse del gobierno.

La oposición aplastada

Sin embargo, millones de personas en Rusia no apoyaban a los comunistas. Poco tiempo después de la revolución tuvo lugar una elección en la que los comunistas fueron derrotados. Pero Lenín no estaba dispuesto a entregar el poder y envió sus tropas para impedir que los representantes electos se reunieran. Miles de rusos abandonaron el país. Muchos miles más tomaron las armas para luchar. Una sangrienta guerra civil estalló en 1918 y duró dos años. Los que apoyaban a los comunistas fueron conocidos como Rojos; los que luchaban contra ellos como Blancos. Al mismo tiempo Francia, Inglaterra, Japón y los Estados Unidos enviaron tropas a Siberia para proteger los suministros de guerra y para prevenir la expansión del control comunista sobre el Océano Pacífico.

El nuevo gobierno comunista

Los comunistas pudieron vencer por varias razones. Primero, las fuerzas anti-comunistas estaban divididas entre sí y combatían con poco empeño. Segundo, las tropas comunistas, organizadas y conducidas por el brillante León Trotsky, pudieron derrotar a sus enemigos.

Con el fin de mantener a los comunistas en el poder, Lenín estableció una nueva policía secreta. La *cheka,* como se llamó, era más eficiente y más cruel de lo que jamás había sido la policía secreta del zar. Muchos fueron eliminados por la policía, incluyendo al zar y su familia. Una vez más los periódicos y libros fueron censurados y se prohibió la oposición.

El nuevo gobierno comunista se llamó a sí mismo la dictadura de la clase trabajadora. De este modo pretendían que el pueblo creyera que los trabajadores eran los gobernantes de la nueva sociedad. En realidad, se trataba de una dictadura del pequeño Partido Comunista encabezado por Lenín. Los comunistas establecieron como nombre oficial del país Unión de Repúblicas Socialistas Soviéticas y trasladaron la capital a Moscú.

En 1924 murió Lenín. Había triunfado en su propósito de establecer un gobierno comunista y en poner a Rusia sobre la senda de una sociedad comunista.

Rusia Bajo Stalin

José Stalin

Puede acreditarse a José Stalin, el hombre que gobernó la Unión Soviética desde 1924 a 1953, el haber convertido a Rusia en la gran potencia que es hoy. El verdadero nombre de Stalin era José Djugashvilli, pero tomó el nombre de Stalin que significa "hombre de acero." Lo fue, en verdad. Provenía de una familia pobre (Su padre había nacido siervo). Ni siquiera era ruso: provenía de Georgia, una provincia gobernada por Rusia desde el siglo 19. De joven, Stalin había estado activo en el movimiento revolucionario y había sido arrestado varias veces y enviado a Siberia. Era un hombre muy duro y cruel. El pueblo temía su temperamento violento, y Lenín, antes de su muerte, había advertido que podía ser peligroso que Stalin tuviera demasiado poder. Pero Stalin fue astuto y consiguió el control del gobierno.

Los planes quinquenales

En 1928 Stalin comenzó su programa para finalizar con el atraso de Rusia. Estableció un Plan Quinquenal que aspiraba a convertir la Unión Soviética en una nación industrial poderosa en diez años. El Plan tenía dos partes: 1) desarollar las industrias en la URSS, y 2) convertir en granjas colectivas la tierra cultivada por los campesinos.

Para industrializar la Unión Soviética era necesario construir fábricas, diques, centrales eléctricas, ferrocarriles y carreteras. Dado que el gobierno no tenía lo necesario para pagar a los trabajadores y el trabajo era largo y difícil, el pueblo no quería ocuparse en los nuevos proyectos. Se implantó el trabajo forzado, y la población fue arrestada y obligada a trabajar. Stalin dijo: "Quien no trabaja no come." Los que no cumplían con sus tareas de modo apropiado eran enviados a prisión o eliminados.

Con el fin de incrementar la industria rusa, se necesitaba dinero para comprar máquinas

Hilandería textil. Fábrica textil soviética altamente automatizada. Nótese el limitado número de trabajadores. Crédito: *Intourist*

en el extranjero, y también para pagar ingenieros de otros países que enseñaran a los rusos cómo usar las máquinas. El único modo en que Rusia podía conseguir el dinero para estos fines era vendiendo sus cosechas en el exterior. Pero el gobierno carecía del dinero con que pagar a los campesinos por sus cosechas y los campesinos no estaban dispuestos a vender al gobierno. Por lo tanto, en 1928, siguiendo las órdenes de Stalin, el gobierno soviético se apoderó de toda la tierra perteneciente a los compesinos y los forzó a trabajar en enormes granjas controladas por el gobierno. Estas se conocieron como *granjas colectivas*. Los campesinos siempre habían querido poseer tierras, de modo que resistieron. Stalin envió tropas para forzarlos a trabajar en las granjas colectivas. Los campesinos lucharon, sacrificaron sus caballos y vacas y dejaron su tierra sin cultivar. El resultado fue el hambre. Se estima que por lo menos un millón y medio de personas murieron de hambre. Otros cientos de miles fueron enviados a Siberia, y muchos fueron eliminados.

Las purgas

¿Cómo pudo Stalin mantenerse en el poder cuando el pueblo ruso sufría tanto? Una razón fue que el ejército rojo le siguió siendo fiel. Las tropas estaban bien alimentadas y los soldados recibieron muchos ascensos. Otra razón fue que la policía secreta de Stalin, la NKVD, arrestaba y eliminaba a cualquiera que se opusiera a Stalin. Entre 1936 y 1938 Stalin llevó a cabo sus purgas. Ordenó la eliminación de todos aquellos acusados de serle desleales. Miembros destacados del Partido Comunista, jefes del ejército, miembros del gobierno y de la industria fueron expuestos al público en juicios espectaculares. Estos hombres, acusados de espionaje y traición, fueron forzados por las torturas a confesar sus crímenes y fueron fusilados. Por añadidura, muchos de los amigos, parientes y colaboradores de los acusados fueron también eliminados.

Resultados del Programa de Stalin

Pero la razón más importante, quizá, del triunfo de Stalin fue que reforzó la esperanza de un futuro mejor para el pueblo ruso. La industrialización staliniana costó a Rusia una gran suma en pérdida de libertad personal y vidas humanas. Pero sus logros fueron enormes. Stalin había declarado que la URSS debía conseguir en diez años lo que otras naciones habían tardado cien años en hacer. De otro modo la Unión Soviética sería aplastada. En esa década (1928-1938) hizo avanzar al pueblo ruso hasta la edad moderna. Stalin creó un gigante industrial. Concretó también la meta principal de Marx; sustrajo a la industria y la agricultura de manos privadas y las puso a funcionar bajo el gobierno.

La Economía Soviética

Antes de la revolución de 1917, Rusia era una nación agrícola relativamente débil. Hoy el Soviet es una poderosa nación industrial, segunda sólo de los Estados Unidos. Las metas que los gobernantes soviéticos han fijado son: incrementar el podor militar y económico de modo que Rusia pueda superar a los Estados Unidos, y mejorar el nivel de vida del pueblo soviético.

Con respecto a riqueza mineral, la Unión Soviética es probablemente el país más rico del mundo. En ella se encuentran los depósitos de carbón, hierro, petróleo, plomo y bauxita más grandes del mundo. Se extraen diamantes, oro y otros importantes minerales. Esta riqueza contribuye enormemente a la industrialización.

DESARROLLO INDUSTRIAL EN LA UNIÓN SOVIÉTICA

Rubro [Millones de Ts.]	1913	1928	1950	1959	1969
ACERO	4.2	4.3	27.3	59.9	100.3
HIERRO	9.2	6.1	39.7	94.4	98.0
CARBÓN	29.1	35.5	261.1	506.5	571.6
PETRÓLEO	9.2	11.6	37.9	129.5	148.5
ENERGIA ELÉCTRICA (billones de kwlh)	1.9	5.0	91.2	264.0	545.0

¿Qué nos dice la tabla sobre el desarrollo industrial de la Unión Soviética desde 1913?

Propiedad del gobierno

La economía soviética es totalmente distinta de la economía americana. En ésta individuos particulares son los dueños y la manejan. La economía soviética es manejada y es propiedad del gobierno. El gobierno soviético es dueño de todos los recursos naturales del país. Posee y opera los bancos, las minas, los ferrocarriles, las fábricas, las granjas, las tiendas, las casas, los restaurantes, los periódicos y las comunicaciones. El comercio privado legal es muy limitado en la URSS. Una persona puede establecerse como zapatero, mecánico o plomero y trabajar por su cuenta en estos oficios, pero no puede emplear a otra persona que trabaje para él y le deje beneficios, porque esto es ilegal. Un ciudadano soviético no puede comprar bienes y venderlos para obtener ganancias.

Planificación central

El gobierno soviético decide qué será producido y en qué cantidad. Hay una Comisión Estatal de Planificación (Gosplan) constituída por un grupo de expertos que reciben información procedente de todo el país. Con esta información diseñan un plan quinquenal que determina de antemano asuntos tales como: cuánto se debe producir en las diferentes clases de bienes (cuántos trajes, zapatos, máquinas o aviones producir), qué fábricas deben construirse y dónde, cuántos trabajadores serán empleados en las distintas fábricas, qué precio se cobrará por los diferentes bienes, qué salarios serán pagados. En los Estados

Unidos estas decisiones son hechas por los propietarios particulares y los gerentes de la industria. Recientemente, sin embargo, se han hecho varios intentos para reformar la economía soviética y se ha dado a los gerentes y plantas de fábricas una responsabilidad mayor para decidir qué tipos de bienes producir y cómo producirlos.

Bienes de capital vs. Bienes de consumo

La finalidad de la planificación económica soviética ha sido siempre convertir a Rusia en una poderosa nación industrializada. Por lo tanto, los planificadores soviéticos se han concentrado en bienes que hagan fuerte al país, tales como muelles, plantas energéticas, ferrocarriles, fundiciones, fábricas, maquinaria, tanques, aviones, bombas de hidrógeno. Estos son llamados *bienes de capital*. Poco énfasis se ha puesto en producir cosas que el pueblo pueda disfrutar, como ropa, vivienda, televisores, lavadoras y automóviles. Estas son llamadas *bienes de consumo*. En los Estados Unidos, el 70% de nuestra producción es de bienes de consumo y el 30% de bienes de capital. En la Unión Soviética ha ocurrido lo contrario — 30% de bienes de consumo y 70% de bienes (pesados) de capital.

Con todo, ahora que la Unión Soviética ha alcanzado gran poder, es posible prestar más atención al consumidor. Los gobernantes soviéticos han prometido mejorar la cantidad y la calidad de los bienes de consumo y las fábricas han estado produciendo más de estos bienes en los últimos años recientes. Pero la URSS tiene todavía que recorrer un largo camino antes de acercarse siquiera a los Estados Unidos en lo que se refiere a la producción de estos artículos.

Los trabajadores soviéticos

Casi todo el mundo trabaja, en la Unión Soviética, para el gobierno. Se paga a los trabajadores según su destreza y la cantidad de trabajo que hacen. Se asigna a cada trabajador una cuota, esto es, cierta cantidad de trabajo que debe realizar. Aquellos que hacen más de la cuota asignada reciben recompensas en forma de mejor vivienda, salarios más altos y vacaciones especiales. Los trabajadores soviéticos tienen uniones pero no pueden declarar huelga. Esto significa que no tienen opción para aceptar los salarios fijados por el gobierno. En los últimos años de la década del 60, como parte de la reforma económica, comenzó a oirse la palabra "ganancia" más frecuentemente que "cuota". Si el gerente de una fábrica puede incrementar su producción y vender estos bienes, puede hacer una ganancia que compartirá con los trabajadores. Se espera que esto animará a los trabajadores a laborar más y a producir más bienes.

Colectivización de la agricultura

La agricultura soviética está organizada en granjas colectivas (kolkhoz) y granjas estatales. Una granja colectiva está constituída por cerca de 500 familias que cultivan aproximadamente 15.000 acres de tierra. La maquinaria y los animales de granja son propiedad colectiva. Los granjeros dividen el trabajo entre sí a base de destrezas y capacidades. Algunos siembran, otros son tamberos, y otros en fin hacen de mecánicos o tenedores de libros. El gobierno determina qué cosechas deben cultivarse, la cantidad que se debe producir, la que debe ser vendida al gobierno, y el precio de las cosechas. Si la granja colectiva produce más de la cuota, se permite vender el excedente en el mercado libre. Parte de este ingreso se separa para nuevos edificios, para adquisición de maquinaria agrícola y otros gastos. El resto se divide entre los agricultores, a base del trabajo que hacen.

Cada familia de una granja colectiva tiene autorización para poseer un pequeño huerto en el que puede sembrar lo que desea. La familia puede también tener una vaca, algunos cerdos u ovejas, y un número ilimitado de pollos. Lo que se produce en el huerto puede venderse por ganancia.

Las granjas estatales son mucho más grandes que las colectivas. Son propiedad de, y operadas por, el gobierno, de modo muy parecido a las fábricas. Los trabajadores reciben del gobierno un salario uniforme.

Problemas de la agricultura soviética

Comparados con la industria los logros agrícolas han sido pobres, si no un completo fracaso. La producción agrícola ha descendido bajo las cuotas fijadas, y ha habido con frecuencia escasez de alimentos. Hay varias explicaciones por estas fallas.

1. Gran parte de la Unión Soviética no es utilizable para la agricultura. La mayor parte del país es demasiado fría o demasiado seca. Grandes áreas tienen suelos poco adecuados para desarrollar buenas cosechas.
2. La agricultura soviética no es tan eficiente como deberá. Hay escasez de tractores y otra maquinaria agrícola, e insuficientes cantidades de fertilizantes. Muchos campesinos usan métodos anticuados y no desean modernizarse.
3. El agricultor colectivo tiene pocos deseos de trabajar con esfuerzo y de obtener grandes cosechas, porque no es propietario de la tierra. Dedica todos los momentos que puede a su huerto privado, porque puede vender lo que produzca y guardar el dinero. De hecho, se calcula que estas pequeñas parcelas de terreno, que son menos del 5% del área total cultivada, producen el 40% de la carne y de la leche, el 60% de las papas, y el 66% de los huevos de todo el país.
4. El gobierno soviético pone más énfasis en la industria que en la agricultura. Por lo tanto, el gobierno no ha destinado dinero suficiente para desarrollar ésta plenamente.

El gobierno soviético ha tomado una serie de medidas para mejorar esta situación. Se está produciendo sustancias químicas y maquinaria agrícola. Se financia la investigación científica con el fin de descubrir mejores métodos de cultivo. Hay programas especiales para enseñar a los agricultores las bases de la agricultura científica. Se ha garantizado a los campesinos un salario mensual mínimo, lo que ha significado un gran aumento de lo que ganaban antes. Los gobernantes soviéticos esperan que estas medidas posibiliten a los agricultores producir el alimento que el pueblo soviético necesita.

Subterráneo en Baku. Los subterráneos son modernos, limpios y a menudo bellos en la Unión Soviética. La tarifa es muy baja, y esto hace que los ciudadanos soviéticos puedan viajar fácilmente *(Arriba)*

Centro de salud para trabajadores en Yalta. El gobierno soviético ha transformado los palacios zaristas de Crimea en centros de salud para los ciudadanos soviéticos. *(Abajo)*
Crédito: *Intourist*

34 La Unión Soviética

Nivel de Vida, Salud y Bienestar del Pueblo Soviético

La Unión Soviética ha demostrado su poder al mundo en años recientes. Ha hecho estallar las bombas más potentes. Su Sputnik, lanzado en 1957, fue el primer satélite en órbita terrestre hecho por el hombre. Ha enviado varios cohetes a la Luna. Sin embargo, tiene un nivel de vida más bajo que el de los Estados Unidos, El Canadá y muchos países de Europa occidental.

Tiempo de trabajo requerido para comprar artículos seleccionados en Moscú y Nueva York (ciudad) (1966).

Tiempo de Trabajo en 1966

Mercancía	Ciudad de N. York Horas	Ciudad de N. York Minutos	Moscú Horas	Moscú Minutos
AZÚCAR (una libra)		3 M		47 M
TÉ (una onza)		2 M		22 M
INDUMENTARIA (rayón)	5 H		49 H	
MEDIAS (nilón)		31 M	5 H	
MANTEQUILLA (una libra)		17 M		163 M
JABÓN (una barra)		3 M		21 M
TRAJE DE HOMBRE (de lana)	23 H	36 M	183 H	
HUEVOS (una docena)		14 M		108 M
CAMISA DE HOMBRE (algodón)	1 H	42 M	13 H	
ZAPATOS DE MUJER (cuero)	5 H	30 M	38 H	
ZAPATOS DE HOMBRE (cuero)	6 H	36 M	41 H	
LECHE (un cuarto)		6 M		28 M
PAN (una libra)		6 M		23 M
CARNE (una libra)		20 M		73 M
CIGARRILLOS (un paquete)		8 M		20 M

Las cifras del tiempo de trabajo en Moscú se registran sobre la base del promedio estimado del salario bruto por hora de los trabajadores manufactureros de Moscú y los precios en tiendas del Estado informados por la prensa soviética. Las del tiempo de trabajo de la ciudad de N. York fueron tomadas de la investigación del Negociado de Estadísticas del Trabajo sobre los salarios de los obreros de producción en manufactura en la ciudad de N. York y los precios al por menor.

Fuente: National Conference Board Board Inc. #1555

Escasez de bienes de consumo.

La vida en la Unión Soviética no es fácil. Debido a la escasez de viviendas, muchos tienen sólo una habitación para sí y su familia. Las cocinas y los baños deben ser compartidos con varias otras familias del piso. Se están levantando nuevos edificios de departamentos por todo el país, pero no con la rapidez suficiente. Sin embargo, la renta es muy baja.

La mayoría del pueblo tiene ropa suficiente con que mantenerse abrigada, pero la vestimenta es monótona, de pobre confección y fuera de moda. La ropa es también mucho más cara en la Unión Soviética que en los Estados Unidos. Muchas cosas que los americanos consideran corrientes — autos, refrigeradores, receptores de televisión y muchos otros artículos — no se obtienen fácilmente.

VEHÍCULOS DE MOTOR EN USO-ENERO DE 1967		
	Autos de paseo	Vehículos comerciales
URSS	926,000	3,465,000
EE.UU.	77,959,300	14,884,300

RADIOS, TELEVISORES Y TELÉFONOS EN USO-ENERO DE 1967			
	Receptores de radio	Receptores de T.V.	Teléfonos
URSS	76,800,000	19,000,000	6,600,000
EE.UU.	262,700,000	74,100,000	98,789,000

En setiembre de 1971, la publicación soviética "Literaturnaya Gazeta" publicó estadísticas relacionadas con la producción automovilística y la posesión de automóviles en la Unión Soviética. En Moscú, ciudad con una población de siete millones, se dió la cifra de 110.000 dueños de automóviles. En Leningrado, la segunda ciudad, con una población de cuatro millones, 82.000 personas son dueñas de automóvil. En la Unión Soviética en conjunto, con una población de 240 millones, la cifra correspondiente a propietarios de automóviles privados se indicó como "más de 1,500,000."

Atención de la Salud y Pensiones

Con todo, no muchos países en el mundo tienen previsiones de salud y bienestar de los ciudadanos en el modo en que lo hace la Unión Soviética. Ningún ciudadano soviético debe preocuparse por pagar cuentas de hospital o por su sostén en edad avanzada.

El gobierno suple el tratamineto médico — absolutamente gratuito — para todos los ciudadanos. La Unión Soviética invierte grandes sumas de dinero en hospitales y clínicas. Centros de salud localizados en las proximidades del Mar Negro son asequibles sin cargo para todos los que los necesiten. Hay más médicos por cada mil habitantes en Rusia que en ningún otros país del mundo.

Comparación de Servicios de Salud: EE.UU. y URSS

COMPARACIÓN DE SERVICIOS DE SALUD: EE.UU. Y URSS		
	No. de médicos	Habitantes por médico
URSS	485.000	480
EE.UU.	288.671	670

Los hombres de más de sesenta años, y las mujeres de más de 55 que han trabajado cierto número de años son elegibles para pensiones a la edad avanzada. El pensionado recibe aproximadamente de 40 a 50 dólares por mes y puede vivir modestamente después de retirarse.

No obstante las dificultades, la vida en la Unión Soviética está mejorando. Se están construyendo más casas, y se están produciendo más bienes de consumo. Los ciudadanos soviéticos están esperanzados en el futuro.

El Gobierno Soviético

Superficialmente, el sistema político de la Unión Soviética se parece al de los Estados Unidos. Ambos países tienen constituciones. Ambos tienen elecciones periódicas. En los Estados Unidos hay un Congreso constituído por dos cámaras. En la Unión Soviética la legislatura se conoce como el Soviet Supremo, y tiene también dos cámaras. En ambos países hay cortes supremas que interpretan la ley, jueces que las hacen cumplir y policía que mantiene el orden.

El papel del Partido Comunista

Pero si miramos bajo la superificie encontramos que los dos países son muy diferentes. La principal diferencia es que en la Unión Soviética sólo hay un partido político, el Partido Comunista, y éste controla por completo al país y a sus habitantes. ¿Cómo puede el partido hacer esto? Los comunistas ocupan las posiciones más importantes en las fuerzas armadas, la policía, las cortes, el gobierno, los medios de información y las instituciones educativas. De este modo, el gobierno no rige realmente el país, sino que lo hace el partido, porque los comunistas destacados mantienen los puestos clave tanto en el gobierno como en el partido. Esto se advierte en el diagrama de la página siguiente. El Soviet Supremo, el cuerpo legislativo de la URSS, es nada más que un "sello de goma". Se reúne sólo unas pocas semanas cada año y aprueba automáticamente lo que ya ha sido decidido por el partido. El hombre más importante de la Unión Soviética es el Secretario del Partido, no el Presidente que encabeza el gobierno. El partido toma todas las decisiones importantes, tales como qué se enseña en las escuelas, qué se dice en los periódicos, por radio o por T.V., qué clase de bienes se manufacturan, y qué política debe seguir la URSS con otras naciones. Aún el ejército y la policía secreta están controlados por el partido.

El Partido Comunista de la Unión Soviética es bastante pequeño. De una población total de casi 240 millones, sólo unos 12 millones son miembros del partido. Esto es más o menos el 5% de la población. Se mantiene la pequeñez del partido intencionalmente, para asegurarse de que afiliados se esfuercen en el trabajo y sean dignos de confianza. Los habitantes más capaces y ambiciosos se unen generalmente al partido porque se debe pertenecer a él si se quiere llegar a la cima, Un miembro del partido debe trabajar mucho y ser disciplinado. Esto significa que debe apoyar todas las decisiones tomadas por los líderes máximos, sin desconfiarlas. Esto es lo que se llama "seguir la línea del partido".

Elecciones

El gobierno soviético tiene elecciones cada cuatro años. Se permite votar en ellas a todos los ciudadanos mayores de 18 años. Cuando el votante llega al comicio, se le entrega una boleta en la que figura un solo candidato aspirando a cada posición. El candidato es un comunista o ha sido seleccionado o aprobado por los comunistas. Para depositar su boleta, el ciudadano simplemente la deja en una caja que se encuentra al descubierto. Si no quiere votar por el candidato oficial debe ir a una cabina cerrada y escribir en la boleta el nombre de otro candidato. Es poco asombroso pues que en todas las elecciones del Soviet el candidato del Partido Comunista reciba el 99% de los votos.

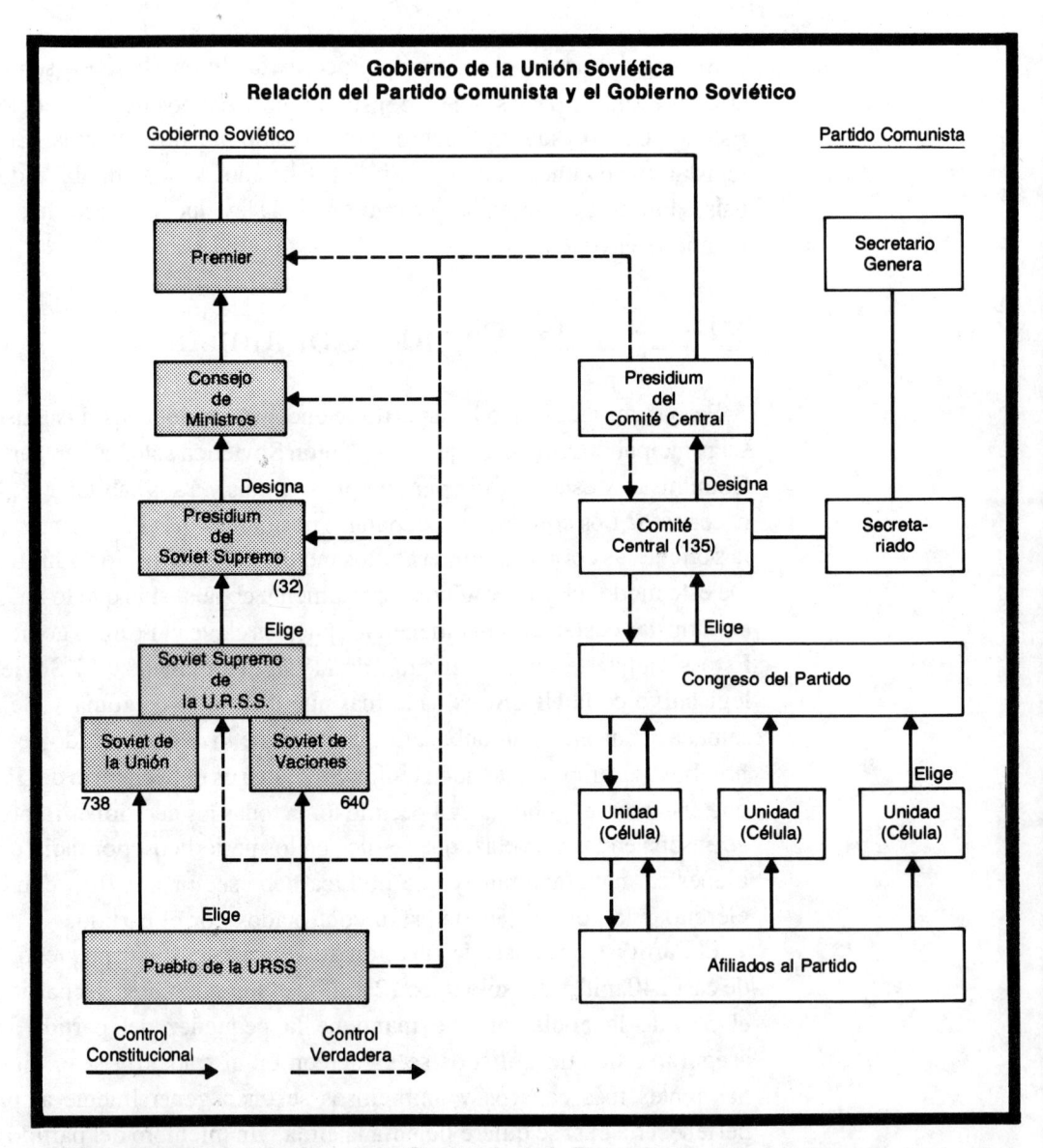

Gobierno de la Unión Soviética
Relación del Partido Comunista y el Gobierno Soviético

Gobierno Soviético — *Partido Comunista*

- Premier
- Consejo de Ministros
- Presidium del Soviet Supremo (32)
- Soviet Supremo de la U.R.S.S.
  - Soviet de la Unión (738)
  - Soviet de Vaciones (640)
- Pueblo de la URSS

- Secretario Genera
- Presidium del Comité Central
- Comité Central (135)
- Secretariado
- Congreso del Partido
- Unidad (Célula)
- Afiliados al Partido

Control Constitucional → Control Verdadera →

El Presidium del Comité Central del Partido controla los asuntos del Gobierno Soviético tanto como los del Partido Comunista.

38 La Unión Soviética

Vida Cultural en la Unión Soviética

Educación

La Unión Soviética pone gran énfasis en la educación. Cuando los comunistas llegaron al poder la mayoría del pueblo en Rusia era analfabeta, y muy pocos habían asistido a la Universidad. Hoy el analfabetismo ha sido casi eliminado y cada año se gradúan en las universidades miles de estudiantes.

Los gobernantes soviéticos gastan enormes sumas de dinero en la educación. El propósito de la educación en el Soviet es doble: 1) educar a suficientes ingenieros, científicos y técnicos para fortalecer el país; y 2) instruir a la población en el comunismo. Lenín dijo una vez: "Sin educación no hay conocimiento, y sin conocimiento no hay comunismo". Las escuelas soviéticas tratan de hacer de los estudiantes buenos comunistas. Todos los estudiantes tienen que asistir a clases de estudio del comunismo. Se les enseñe que éste es el mejor sistema creado por el hombre. Los libros de texto y el currículo están controlados por el partido. En todas las escuelas hay estatuas y retratos de Lenín y de otros jefes soviéticos. Se enseña a los estudiantes a ser patriotas — a amar su país y a ser leal.

Se requiere por ley que todo niño soviético asista a la escuela por ocho años. Mayoritariamente, los estudiantes soviéticos trabajan más que los americanos. Un niño soviético va a la escuela seis días por semana; sus tareas escolares y los exámenes son más difíciles que en los Estados Unidos. Se dedica mucho tiempo al estudio de la ciencia y las matemáticas. Después de completar ocho años de escuela, el estudiante puede asistir a una escuela superior técnica o vocacional o tomar un curso especial que lo prepara para la Universidad. La educación es gratuita. Además, los estudiantes universitarios que obtienen buenas calificaciones cuentan con ayuda económica del gobierno. Sin embargo, sólo los mejores estudiantes llegan a la universidad, dado que se les exige pasar un difícil examen para ser admitidos.

Las mujeres tienen las mismas oportunidades educativas que los hombres. Setenta y cinco por ciento de los médicos, 30% de los ingenieros y 50% de los economistas son mujeres.

La educación continúa después de las horas escolares. Prácticamente todos los niños pertenecen a alguna organización del Partido Comunista en la que el recreo se combina con la educación. Los de menos de diez años pertenecen a un grupo llamado OCTUBRERISTAS. Entre los 10 y 15 años de edad, el niño pertenece a los PIONEROS. Los clubes para Pioneros tienen campos de deporte, jardines, lagos, teatros, un planetario.

Aquí el niño puede jugar al fútbol o al tenis, ser miembro de la orquesta, aprender ballet, iniciarse en la colección de sellos o en la fotografía. Al mismo tiempo se enseña al joven pionero a ser un buen comunista. Al convertirse en pionero, debe prometer "amar nuestra madre tierra del Soviet y vivir y aprender como nos lo dijo el gran Lenín y nos enseña el Partido Comunista." Entre los 15 y los 27 años los jóvenes pertenecen al KOMSOMOL (Liga Comunista Juvenil).

Literatura y Artes

En el siglo 19 Rusia produjo algunos de los más grandes escritores de todos los tiempos. Sus novelas, poemas y obras teatrales son considerados como obras maestras de la literatura universal. Otra vez en el período soviético los rusos han hecho importantes contribuciones al mundo en los campos de la literatura, la música, el ballet y el cine.

Sin embargo el arte, como cualquier otro aspecto de la vida soviética, está estrictamente controlado por los comunistas. Se espera que escritores y artistas usen su talento para adelantar las metas del comunismo y glorificar la URSS. Según el gobierno soviético, el propósito del arte y la literatura no es la expresión de los sentimientos íntimos del artista o del escritor, como en la sociedad occidental, sino mostrar que la vida bajo el comunismo es

Salón de clase soviético. Los soviéticos usan los métodos y equipos más modernos en la educación, como se muestra en la fotografía de estudiantes aprendiendo alemán.
Crédito: *Misión Soviética ante las Naciones Unidas.*

AUTORES SELECTOS RUSOS Y SOVIÉTICOS

AUTOR	NACIÓ	MURIÓ	OBRAS PRINCIPALES
Alexander Pushkin	1799	1837	Eugenio Onegin, Boris Godunov, La hija del Capitán
Mihail Lermontov	1814	1841	Un héroe de nuestro tiempo
Nikolai Gogol	1809	1852	Almas muertas, Taras Bulba, El inspector general, El abrigo
Ivan Turgenev	1818	1883	Padres e hijos, Primer amor, Humo, En la tarde, Diario de un hombre superfluo, Escenas de caza
Fyodor Dostoyevsky	1821	1881	Los hermanos Karamazov, El idiota, Crimen y Castigo, Los Poseidos, Notas de la casa de los muertos
Leo Tolstoy	1828	1910	Resurrección, La guerra y la paz, Ana Karenina, La muerte de Iván Illych, Los cosacos, ¿Qué es el Arte?, El poder de las Tinieblas
Anton Chekov	1860	1904	El Jardín de los cerezos, La gaviota, Tres hermanas, El Tío Vanya
Maxim Gorky	1868	1936	Madre, Mi infancia, Los bajos fondos, Entre el pueblo
Boris Pasternak	1890	1960	El mendigo orgulloso, Días difíciles, Dr. Zhivago
Mikhail Sholokhov	1905		El destino de un hombre, Tierras roturadas, El Don apacible
Alexander Solzhenitsyn	1918		Un día en la vida de Iván Denisovich, El primer círculo, Pabellón de cáncer, Agosto 1914
Yevgeny Yevtushenko	1933		Poemas de varios años, La manzana, Babi Yar

hermosa. Desde que todas las editoriales están controladas por el Partido, todo libro o artículo debe ser aprobado por los censores antes de poder ser publicado. Algunos escritores soviéticos han descubierto modos de evitar el control gubernamental. Sus manuscritos han sido sacados del país y publicados en el extranjero. Otros no han publicado ninguna obra, pero han hecho ejemplares a máquina y las han hecho circular entre sus amigos, que a su vez han distribuído nuevas copias similares.

En años recientes tres escritores soviéticos han recibido el Premio Nobel de Literatura. *El Dr. Zhivago* de Boris Pasternak fue rechazado por los editores soviéticos porque criticaba algunos aspectos de la revolución rusa. El libro se publicó en el extranjero en 1957 y el año siguiente Pasternak fue nombrado ganador del Premio Nobel. El gobierno soviético desató una campaña contra él en la prensa, criticándolo en los peores términos imaginables y prohibiéndole aceptar el premio. Sin embargo, en 1965, cuando Mikhail Sholokhov ganó el Premio Nobel por su libro *El Don apacible,* los líderes soviéticos se sintieron muy complacidos y alabaron la alta calidad de la literatura soviética. En 1970 el premio fue conferido a Alexander Solzhenitsyn autor de *Un día en la vida de Iván Denisovich, Pabellón de Cáncer* y El *Primer Círculo.* Dado que estos libros criticaban abiertamente varios aspectos del sistema soviético, el gobierno informó a Solzhenitsyn que si viajaba a Suecia a recibir el premio no se le permitiría regresar a Rusia.

En 1965 Andrei Sinyavsky y Yuli Daniel, dos escritores soviéticos, fueron acusados de sacar de Rusia, y publicarlas en el extranjero, novelas que criticaban el sistema soviético. Fueron juzgados, encontrados culpables y sentenciados a prisión. Cuando otros escritores protestaron sus sentencias, fueron encontrados culpables también y hechos prisioneros.

Con todo, los escritores cuyas obras son aceptables para los líderes soviétics tienen muchas oportunidades para concretar su obra. Dos jóvenes poetas, Yevgeny Yevtushenko y Andrei Vozhnesensky, son muy populares entre el pueblo soviético. Ambos viajan mucho por la URSS y por el extranjero y leen su poesía a enormes públicos.

Religión

Los comunistas se han opuesto siempre a la religión. Marx consideraba a la religión "el opio de los pueblos" porque idiotizaba a la gente haciéndola creer que la vida en la tierra no tiene importancia comparándola con la ultra-vida. Su creencia era que la religión impedía que el pueblo luchara para obtener una vida decente en la tierra. Cuando los comunistas llegaron al poder en Rusia, hicieron todo lo posible para debilitar la Iglesia. Las propiedades de ésta fueron *confiscadas* (tomadas por el gobierno); los matrimonios religiosos no fueron reconocidos, y se prohibió ensenar religión a niños menores de dieciocho años. Muchas iglesias y sinagogas fueron clausuradas. No se podía vender Biblias legalmente.

Hoy después de 50 años en el poder los comunistas desalientan todavía la religión. Aunque el gobierno concede oficialmente libertad de religión a todos los ciudadanos, se predica el ateísmo — la creencia de que Dios no existe. La escuela enseña que la religión es una superstición que no pertenece a un mundo científico, moderno. Sin embargo, la religión no ha muerto en Rusia. Mucha gente concurre todavía a los servicios religiosos, y aunque se trata de gente mayor, algunos creen que el interés por la religión se está incrementando entre los jóvenes.

Política Exterior Soviética

El Comintern

Durante los primeros años después de la revolución rusa, los líderes soviéticos creyeron que estallarían revoluciones en Europa occidental. Estas, creían, serían seguidas por revoluciones en todo el mundo. Pensaban que en tanto la Unión Soviética quedara como el único país comunista rodeado por estados capitalistas (no-comunistas) poco amistosos, éstos harían lo posible para expulsar a los comunistas de Rusia y propiciar la vuelta al capitalismo. En consecuencia, los bolcheviques consideraron necesario promover revoluciones en otros países. En 1921 Lenín organizó el Comintern, o Comunista Internacional, una organización mundial de partidos comunistas. Se convirtió en deber de todos los comunistas en todo país provocar revoluciones y defender a la Unión Soviética. Un comunista en Francia, China o los Estados Unidos debía lealtad a los líderes rusos y no a su propio gobierno.

Política exterior de Stalin

Después de algunos años, los líderes soviéticos reconocieron que habían estado equivocados. Las revoluciones *no* estallaron en el oeste. Por lo tanto, Stalin descartó la idea de provocarlas, y decidió esforzarse en convertir poderosa a Rusia. Para industrializarla, era necesario comprar maquinaria en el occidente y conseguir de éste préstamos y técnicos. De este modo, la Unión Soviética mantuvo relaciones normales con el resto del mundo. Pero ni Stalin ni los otros líderes soviéticos abandonaron sus sueños de revolución mundial. Hasta el día de su muerte Stalin pensó que el mundo estaba dividido en dos campos hostiles: el comunista y el capitalista. La guerra entre los dos, creía, era inevitable. Los partidos comunistas en todo el mundo continuaron trabajando para la revolución. De hecho, cuando la Unión Soviética fue suficientemente fuerte, después de la segunda Guerra Mundial, se establecieron por la fuerza gobiernos comunistas en todos los países de Europa Oriental ocupados por el ejército soviético. En 1950 la Unión Soviética pensó que podía triunfar en la expansión del comunismo a Sud-Corea. Los Soviets animaron por lo tanto a los nor-coreanos a invadir Corea del Sud y los ayudaron con municiones y suplementos de guerra.

Política Exterior desde Stalin

Desde la década del 50, sin embargo, la política exterior soviética ha vuelto a cambiar. Con el desarrollo de armas nucleares, los líderes soviéticos responsables se han dado cuenta de que la guerra significaría el fin de la vida en el planeta. La idea de Stalin, de que es inevitable la guerra entre el capitalismo y el socialismo, ha sido abandonada. Los rusos han luchado demasiado con miras a alcanzar su presente poder, como para permitir que éste sea destruído por una guerra atómica. Los líderes soviéticos esperan todavía el día en que el mundo esté formado solamente por estados comunistas y el capitalismo deje de existir, pero conceden que ni la guerra ni la revolución violenta son los medios para obtener estos resultados. Su política actual es llamada "coexistencia pacífica".

Los gobernantes soviéticos creen hoy que si pueden *sobrepasar* (ponerse delante de) los Estados Unidos económicamente, y mejorar el nivel de vida del pueblo soviético, otras naciones seguirán el modelo soviético, especialmente en Asia, Africa y América Latina.

En años recientes la Unión Soviética ha estado tratando de ganar amigos entre las naciones en desarrollo proporcionándoles grandes sumas en ayuda económica. Países como

Leonid Brezhnev, Jefe del Partido Comunista Soviético. Los gobernantes soviéticos, lo mismo que los americanos, disfrutan del aplauso y la aprobación de su pueblo.
Crédito: *Misión Soviética ante las Naciones Unidas.*

India, Egipto, Cuba y otros han recibido millones de rublos en valor de equipo industrial y militar. Al mismo tiempo, cuando el riesgo no es muy grande, ayuda a los revolucionarios comunistas de otros países a derrocar los gobiernos pro-occidentales. Así ha ayudado la Unión Soviética a Viet-Nam del norte con municiones y abastecimientos. No obstante, los rusos corrieron el menor riesgo posible en la lucha vietnamesa, porque no querían verse envueltos en una guerra con los Estados Unidos.

Con todo, la URSS no vacila en usar la fuerza cuando piensa que sus intereses o su seguridad están amenzados. En 1956 los rusos invadieron Hungría para derrotar un levantamiento contra el gobierno comunista. De nuevo en 1968, cuando Checoeslovaquia intentó seguir una política independiente y liberarse del control soviético, las tropas rusas fueron enviadas a Checoeslovaquia y los checos fueron forzados a someterse al control de Moscú.

La Unión Soviética considera que Europa oriental es vital para su seguridad. Esto se debe a que en el pasado Rusia fue invadida varias veces desde el oeste. Como no hay límites naturales que separen a Rusia de Europa oriental, los ejércitos provenientes de Alemania, Austria y otros países simplemente marchaban a través de Europa oriental y atacaban a los rusos. La Unión Soviética, en consecuencia, piensa que con el fin de su protección contra futuras invasiones debe haber en Europa Oriental gobiernos que sean absolutamente leales a Moscú.

Relaciones Soviético–Estadounidenses en los Primeros Años de la Década del 70

Por los últimos años la Unión de Repúblicas Socialistas Soviéticas ha estado tratando de establecer mejores relaciones con los Estados Unidos. La razón por esto es que el Soviet querría gastar menos dinero en efectos militares y concentrarse más en mejorar el nivel de vida de su propio pueblo. Las conferencias de desarme en que ambos países examinaron las maneras de limitar la cantidad de armas nucleares comenzaron en 1969. Se estableció un programa de intercambio cultural, que hacía posible a los artistas, escritores y actores de cada país visitar al otro y actuar en él.

El Presidente Nixon visita la Unión Soviética

En mayo de 1972 el Presidente Nixon visitó la Unión Soviética. Durante ocho días el Presidente americano se reunió con los gobernantes soviéticos Brezhnev, Kosygin y Podgorny para conversar sobre una cantidad de asuntos de importancia para ambas naciones.

Por algunas semanas antes, parecía que la visita nunca iba a concretarse. Los americanos estaban sufriendo grandes pérdidas en Vietnam en tanto los comunistas vietnameses atacaban a las fuerzas americanas con armas de confección soviética. Dos semanas antes de la visita los Estados Unidos minaron el puerto de Haiphong, el puerto principal de Vietnam del Norte, para evitar que las armas y abastecimientos soviéticos llegaran a sus aliados norvietnameses. La tensión entre la Unión Soviética y los Estados Unidos era muy grande durante estas semanas en mayo de 1972, y muchos pensaron que la visita podía ser cancelada. El hecho de que se haya concretado muestra que ambas naciones la consideraban de gran importancia.

Los líderes soviéticos querían encontrarse con el Presidente Nixon para conversar sobre tres asuntos muy importantes: comercio, limitación de armamentos y China. Los rusos habían estado preocupados acerca de China casi desde la visita del Presidente Nixon a ese país en febrero de 1972. Pensaban que en muchas formas, China es una amenaza para ellos, y que todo mejoramiento en las relaciones entre China y Estados Unidos debía ocurrir a expensas de Rusia. Los americanos a su vez estaban ansiosos de encontrarse con los gobernantes soviéticos. Pensaban que cuantos más acuerdos pudieran hacer los Estados Unidos con los rusos, mejor serían las posibilidades para la paz mundial. Querían también conversar sobre el comercio y la limitación de armamentos con los líderes soviéticos.

Después de ocho días de reuniones los soviéticos y los americanos lograron algunos acuerdos específicos.

1. **Investigación sobre la salud:** Se acordó que ambas naciones intercambiarían especialistas e información médicos.

2. **Protección ambiental:** Se estableció que los dos países intercambiarían especialistas e ideas en todo desde el exceso de ruido hasta la predicción de terremotos.

3. **Ciencia y tecnología:** El acuerdo haría más fácil para los americanos y los rusos compartir información científica que hasta entonces se consideraba secreta.

4. **Cooperación espacial:** Los dos países convinieron en cooperar en casi todos los campos de la exploración espacial. Se decidió también que para 1975 habría un *rendez-vous* (encuentro) en el espacio entre el satélite americano Apolo y el satélite soviético Soyuz.

5. **Limitación de armamentos:** Durante los últimos años los gobernantes soviéticos se han dado cuenta de que el costo de manufacturar armas, bombas, cohetes y mísiles era extremadamente alto y que mucho de ese dinero podría ser utilizado para mejorar las condiciones de vida de Rusia. Los gobernantes americanos llegaron también a pensar que la carrera armamentista era sencillamente demasiado cara. Ya que ambas naciones estaban prácticamente iguales desde el punto de vista militar, fue necesario buscar alguna clase de acuerdo. Las negociaciones comenzaron en noviembre de 1969 y se denominaron conferencias SALT (Conferencias sobre limitación de armas estratéticas) Después de dos años y medio de conversaciones, el acuerdo se firmó finalmente durante la visita del Presidente. El acuerdo consistía en:

   a) Un tratado formal que limitaba a dos los sistemas de proyectiles antibalísticos en cada país.

b) Un acuerdo por cinco años limitando el número de armas *ofensivas* a las que se encontraban en existencia y en construcción.

Este acuerdo se consideró como un primer paso hacia la eliminación de la carrera armamentista, peligrosa y altamente costosa.

6. Comercio: Este fué uno de los más difíciles asuntos discutidos y no se alcanzó ningún acuerdo. Uno de los obstáculos fue que la Unión Soviética nunca había reembolsado sus deudas por Préstamos y Arriendos a los Estados Unidos desde la segunda guerra mundial. Los soviéticos ofrecieron pagar trescientos millones de dólares, en tanto los Estados Unidos querían por lo menos 1.1 billones. Se acordó, con todo, que se entablarían conversaciones subsiguientes sobre el comercio entre los representantes soviéticos y estadounidenses.

A pesar de estos acuerdos, las conversaciones hicieron obvio que había muchos puntos en los cuales los países *no* coincidían. Tal, por ejemplo, la guerra de Vietnam, en la que la Unión Soviética continuaba armando a los comunistas vietnameses y entrenando a sus pilotos. Los Estados Unidos había esperado poder persuadir a la Unión Soviética de reducir su ayuda a Norvietnam. Otra área de conflicto fue el Medio Oriente. Los Estados Unidos no quería abandonar a Israel, ni la URSS estaba dispuesta a disminuir su apoyo a los enemigos árabes de Israel-Egipto y Siria.

Comercio Entre Los Estados Unidos y Rusia 1961-1972

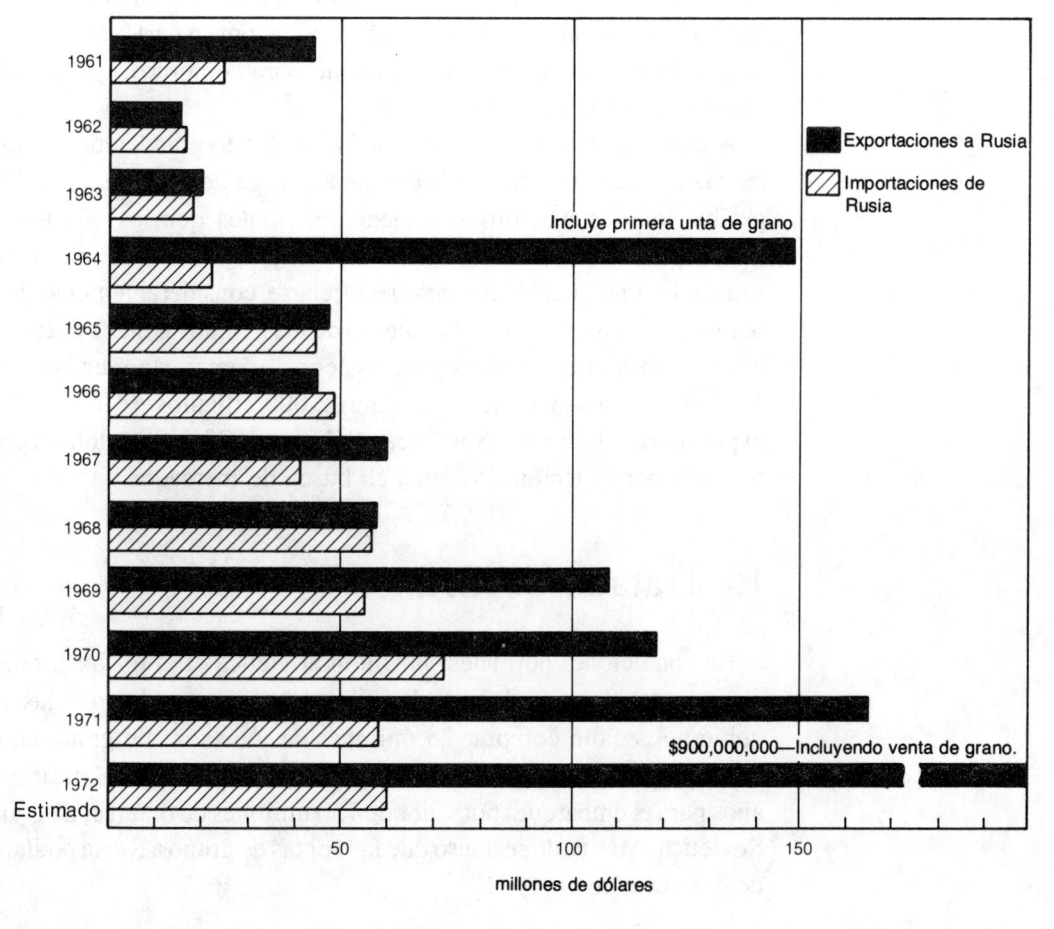

- Exportaciones a Rusia
- Importaciones de Rusia

1964 - Incluye primera unta de grano

1971 - $900,000,000—Incluyendo venta de grano.

1972 Estimado

millones de dólares

Relaciones Soviético—Estadounidenses en los Primeros Años de la Década del 70

Obviamente, la competencia entre los Estados Unidos y la Unión Soviética continuará por muchos años, pero se espera que la visita y los acuerdos sean un paso importante para asegurar la paz mundial. El Presidente Nixon dijo en un discurso televisado al pueblo ruso: "Como grandes potencias, seremos muchas veces competidores, pero nunca necesitamos ser enemigos."

Durante la primera semana de mayo de 1973, el ayudante especial del Presidente Nixon, Henry Kissinger, voló a Moscú para mantener conversaciones con Leonid Brezhnev. El principal propósito del viaje era discutir planes para la anunciada visita de Brezhnev a los Estados Unidos en junio. Este sería el primer viaje de Brezhnev a los Estados Unidos, y el primero de un alto jefe soviético desde que el *premier* Alexei Kosygin se encontró con el Presidente Johnson en Glassboro, N.J. en 1967. La única otra visita de un gobernante soviético a los Estados Unidos fue cuando el *premier* Nikita Khrushchev estuvo aquí como huésped del Presidente Eisenhower en 1959.

Comercio americano-soviético

Hasta recientemente, el comercio entre los Estados Unidos y la Unión Soviética era extremadamente limitado. Los Estados Unidos tiene una lista de cientos de partidas que *no* se pueden vender a la Unión Soviética porque se piensa que estos harían más fuerte militarmente a este país. La Unión Soviética, por su parte, no ha mostrado un gran interés en comerciar con los americanos, excepto para comprar trigo cuando les ha sido realmente necesario, como en 1964.

Ahora, sin embargo, la situación ha cambiado grandemente. Los soviéticos se han dado cuenta de que económicamente están a la zaga de los Estados Unidos. En muchas áreas de producción sus métodos son menos eficientes que los nuestros. Piensan ahora que la finalidad de acelerar su desarrollo económico y de producir más bienes de consumo para satisfacer a su pueblo, pueden beneficiarse considerablemente del *capital* y la *eficiencia (know-how)* americanos. El gobierno de los Estados Unidos desea también comerciar, pues desearía abrir nuevas plazas para los negocios americanos en la Unión Soviética. En 1971 y 1972 el gobierno americano eliminó 2.000 artículos de la lista de los que no podían ser exportados a la Unión Soviética. Sólo en 1972 2.000 hombres americanos de negocio viajaron por la Unión Soviética en busca de mercados.

El Tratado de Granos

En condiciones normales, la Unión Soviética es el mayor productor mundial de grano, pero en 1972 las malas condiciones del tiempo redujeron las cosechas soviéticas. El gobierno decidió comprar 28 millones de toneladas de grano en el exterior. En julio se anunció que la Unión Soviética y los Estados Unidos habían firmado un convenio de tres años para el embarque, por valor de 750 millones de dólares, de grano americano a la Unión Soviética. Más tarde se pensó que las ventas de grano a Rusia podían alcanzar a mil millones de dólares sólo en 1972.

Tratado Comercial

En octubre de 1972 se elaboró entre la Unión Soviética y los Estados Unidos un tratado comercial. Preveía:

1. Ajuste de la deuda por Préstamos y Arriendos de la segunda guerra mundial de Rusia a los Estados Unidos. Los rusos convinieron en devolver 722 millones de dólares a lo largo de los próximos 30 años.

2. El Banco de Importación-Exportación de los Estados Unidos acordaría créditos para la venta de artículos a la Unión Soviética. Esto significa que cuando los soviéticos compran artículos en los Estados Unidos no tienen que pagarlos en efectivo inmediatamente.

3. Los Estados Unidos conseguirían la aprobación del Congreso del *status* de "nación más favorecida" para los rusos. Esto significa que los artículos importados de Rusia se evaluarían a la tarifa aduanera americana más baja.

4. Cada nación establecería oficinas comerciales en su capital para ayudar a los hombres de negocio visitantes. Los rusos construirían un gran centro comercial de oficinas y apartamentos en Moscú para hombres de negocio extranjeros.

5. Las discusiones que no pudieran ser aclaradas por ambas naciones serían sometidas a un tercer país para *arbitraje*.

Se esperaba que este acuerdo incrementaría considerablemente el comercio entre las dos naciones y beneficiaría a ambas.

Sin embargo, para mayo de 1973 este acuerdo comercial no había sido todavía *ratificado* (aprobado) por el Congreso americano. Algunos senadores americanos, encabezados por el senador Henry Jackson, demócrata de Washington, estaban tratando de conseguir que el Congreso rehusara conceder privilegios especiales de comercio a la Unión Soviética hasta que los judíos en la Unión Soviética tuvieran el derecho de *emigrar* (Ver la sección correspondiente en "El pueblo de la Unión Soviética").

Entretanto, cierto número de tratados hay sido negociado entre firmas americanas y la Unión Soviética. Los rusos han firmado un acuerdo para comprar tractores por valor de 40 millones de dólares. En otro tratado por valor de 16 millones de dólares, una firma americana construirá una planta de fibras sintéticas en la Unión Soviética. Están en examen otras posibilidades. Una seria entubar gas natural de los campos de Siberia hasta los puertos soviéticos donde sería licuado y embarcado a los Estados Unidos. Los Soviets querrían vender a los Estados Unidos petróleo, plomo, materiales de construcción, otras materias primas y hasta algunos artículos manufacturados. Parece que la Unión Soviética puede estar interesada en comprar grano para alimento por valor de 200 millones de dólares por año, durante los próximos diez años.

Las oportunidades parecen buenas para incrementar el comercio entre la Unión Soviética y los Estados Unidos. Se espera que el comercio traerá consigo mejores relaciones y mejorará la comprensión entre las dos naciones.

Relaciones Soviético-Estadounidenses

En junio de 1974 Richard Nixon, en aquel tiempo presidente de los Estados Unidos fue a Moscú. Se firmó un acuerdo entre los Estados Unidos y la Unión Soviética comprometiéndose a cooperar en la investigación de la calefacción artificial y de la construcción de vivienda. Los soviéticos no hicieron ningunas cesiones a los Estados Unidos y por consiguiente no se realizó mucho más. Se cree que los rusos pensaban que el gobierno de Nixon estaba muy débil a causa de Watergate. En cuanto al asunto de Watergate, la reacción oficial soviética fue circunspecta (prudente) y reservada.

Después de la renuncia de Nixon, se hicieron arreglos para tener una reunión en noviembre de 1974 entre el nuevo presidente, Gerald Ford, y el jefe soviético Brezhnev. Los dos jefes se reunieron en Vladivostok la provincia marítima hacia la frontera asiática. Los dos hombres llegaron a un acuerdo tentativo (no permanente) para limitar el número de armas nucleares (atómicas) que se habían de producir hasta 1985. Parece evidente ahora que los soviéticos no están interesados en competir en la producción de armas nucleares.

La política soviética en la década del 70 ha sido influenciada enormemente por un deseo de mejorar la vida económica del pueblo soviético. "Détente" (la disminución de tensiones entre naciones) es la idea por la cual los rusos esperan realizar esta meta. En teoría détente quiere decir que los Estados Unidos y la Unión Soviética colaborarán para mantener la paz en el mundo. Si esto no puede hacerse entonces ellos discutirán otros medios para evitar que guerras o turbaciones se extiendan.

El comercio es una área importante en cuanto a las relaciones soviético-estadounidenses. El tratado comercial elaborado a fines de 1972 todavía no se ha puesto en fuerza. Un número de senadores norteamericanos encabezado por el senador Henry Jackson, demócrata del estado de Washington, esperaba conseguir que los soviéticos permitiesen que los judíos en Rusia pudiesen emigrar (ir a otro país) si lo desearan (véase sección Población de la Unión Soviética, página 27).

Pareció que los soviéticos habían concordado un arreglo informal con el ministro de estado Kissinger bajo el cual la restricción de judíos que deseaban salir de la Unión Soviética se aliviaría. El gobierno soviético luego dijo que su posición había sido mal interpretada.

Resultó que el propuesto tratado comercial que se pasó en diciembre de 1974, tenía limitaciones sobre el otorgar el status de nación más favorecida a la Unión Soviética. A principios de 1975 los soviéticos mostraron su desagrado rehusando firmar un tratado comercial con los Estados Unidos.

Intento Soviético de Limitar Disidencia y Oposición

Los gobiernos rusos siempre han temido la crítica de autores rusos (véase páginas 59-60). En 1974 otro ejemplo de este temor y aversión de la crítica ocurrió. Alexander Solzhenitsyn dio permiso para la publicación de su neuva obra, *El Archipiélago Gulag,* en el occidente. Este libro describe el sistema soviético de campamento de trabajo forzado. Poco después de la publicación del libro, Solzhenitsyn fue arrestado en febrero de 1974. Las protestas brotaron alrededor del mundo. Como resultado de estas protestas, Solzhenitsyn fue libertado pero fue obligado a salir de la Unión Soviética. Además, le quitaron su ciudadanía soviética.

A pesar de esto y otros intentos de prevenir crítica, la oposición entre artistas y escritores continúa. El gobierno soviético está muy preocupado de la literatura secreta (ilegal) y de folletos, llamodos SOMIZDAT. Algunos pintores y escultores tuvieron una exhibición de su obra no obstante la oposición del gobierno. Arrasaron la exhibición y algunos de los cuadros fueron destruidos. Usaron camiones rociadores para ensopar a los espectadores y ahuyentarlos de la exhibición.

La Economía Soviética

El problema económico más serio para la mayoría de los países del mundo es la crisis causada por la escasez de recursos de producir energía (energy crisis). El gobierno soviético ha dicho que los rusos no tienen tal problema. En 1974 la producción de petróleo fue aumentada con el uso de los nuevos campos petrolíferos de Tyumen en Siberia. Sin embargo, a fines de 1974 y ya al entrar en 1975 el gobierno soviético empezó a estimular al pueblo a que conservara combustibles. El periódico comunista oficial *Pravda* (Verdad), advirtió que cada kilo de combustible tenía que cuidarse.

El desarrollo industrial en la Unión Soviética ha continuado por los primeros años de la década del 70 de acuerdo con el plan. Según el Concilio Soviético de Planificación Económica, la producción industrial y la productividad de los trabajadores llegaron al nivel más alto de la historia de la Unión Soviética.

Sumario de Ideas Clave

La Unión Soviética
(Puente entre Oriente y Occidente)

A. La geografía y el clima de la Unión Soviética son a la vez fuente de problemas y de oportunidades.

1. El gran temaño de la URSS suministra una diversidad de condiciones climáticas.

2. Las grandes distancias causan problemas de transporte y de comunicación.

3. Los sistemas fluviales han desempeñado un papel importante en el desarrollo del país.

4. Los factores climáticos hacen inutilizable para la agricultura una gran parte de la tierra.

5. La mayor parte de la línea costera de la Unión Soviética se extiende lejos de los centros de población y está bordeada por el helado Artico.

6. La mayor parte de la Rusia europea es una planicie. La tierra queda expuesta a invasiones por el este y por el oeste, pero los factores geográficos han ayudado también a derrotar a los invasores.

7. La gran variedad de recursos naturales sirve de base al desarrollo industrial.

8. Tanto la ubicación de las ciudades soviéticas como las necesidades de la nación resultan afectadas por la geografía.

9. Hay grandes diferencias en los materiales de construcción, vestimenta y costumbres en distintas regiones de la Unión Soviética. En esto han influenciado considerablemente factores geográficos.

B. El pasado ruso nos suministra una clave para comprender hoy a la Unión Soviética.

1. Las civilizaciones de Grecia y Roma no influyeron considerablemente en Rusia.

2. La cultura bizantina de Constantinopla — incluyendo la religión ortodoxa — influyó considerablemente el desarrollo cultural ruso.

3. El desarrollo político y económico de Rusia resultó afectado por las invasiones desde el oriente y el occidente (e.g. mongoles, franceses, alemanes).

4. Rusia no experimentó plenamente las revoluciones sociales y culturales que ocurrieron en Europa occidental entre los siglos XV y XVIII.

5. Iván III inició un sistema de servidumbre que sometió a la tierra al campesino ruso. Después de más de 300 años de servidumbre Alejandro II liberó a los siervos en 1863.

6. Los esfuerzos de Pedro el Grande y de Catalina la Grande en el siglo XVIII y la derrota de Napoleón en 1815 contribuyeron a la emergencia de Rusia como potencia mundial.

7. Bajo las zares y los comunistas, Rusia hizo destacadas contribuciones en los campos de la ciencia, el arte, la literatura, la música y la filosofía.

8. El tema principal de la historia rusa está constituído por las rebeliones, movimientos de reforma y esfuerzos para reprimirlos.

9. La literatura rusa está relacionada frecuentemente con acontecimientos contemporáneos y refleja los sentimientos subyacentes del pueblo.

10. Las raíces del comunismo se encuentran en las obras de Karl Marx, un europeo occidental.

11. Los comunistas se apoderaron de Rusia durante la Primera Guerra Mundial (1917) y convirtieron a Rusia en el centro de la revolución mundial.

12. Las medidas severas tomadas por José Stalin para gobernar Rusia tienen su raíz en la historia rusa.

C. **La sociedad y la cultura en la Unión Soviética son en cierto sentido diferentes de las de la Rusia zarista.**

1. La estructura social de Rusia antes de la revolución era como una pirámide. El zar estaba en el vértice de la pirámide. Cerca del vértice se encontraban la nobleza y la alta clerecía; en la base se encontraban los comerciantes, los trabajadores y los campesinos.

2. En la sociedad pre-revolucionaria la educación y el mejoramiento cultural estaban limitados a una pequeña parte de la población.

3. El gobierno soviético y el partido comunista tratan de configurar los valores, pensamientos y acciones del pueblo soviético controlando la educación, la expresión artística y los medios de información.

4. En la Unión Soviética están representados muchos idiomas, religiones y grupos étnicos. El gobierno ha estimulado el desarrollo de idiomas minoritarios y culturas minoritarias, siempre que conformen con las ideas comunistas.

5. El antisemitismo fue política oficial de la vieja Rusia. El gobierno soviético ha declarado ilegal esta política, pero muchos de sus actos pueden ser interpretados como anti-semíticos.

6. La estructura social de la Unión Soviética no es "sin clases". Las divisiones sociales se basan en la profesión y en la posición en el partido.

7. La flexible movilidad social ha afectado tanto a hombres como a mujeres soviéticos. Algunas mujeres han alcanzado altas posiciones sociales y económicas.

D. La industrialización y el progreso económico han ocurrido en la Unión Soviética pero a un costoso precio para el pueblo.

1. El crecimiento económico ruso fue interrumpido por la invasión mongola.

2. La economía rusa, hasta 1863, se basó sobre el sistema de servidumbre.

3. El desarrollo económico ruso moderno comenzó cuando los siervos fueron liberados.

4. Actualmente, el marxismo-leninismo suministra un marco básico al sistema económico.

5. La planificación estatal es la base del desarrollo industrial y agrícola de la Unión Soviética.

6. La agricultura, organizada en granjas colectivas y estatales, produce una parte significativa de la riqueza de la nación.

7. Entre las debilidades de la economía se encuentran la baja producción por acre en la agricultura y la baja calidad de los bienes de consumo.

8. El gobierno suministra vivienda, seguro social y atención médica a toda la población.

9. En fecha receiente ha habido un cambio en la producción: del énfasis principal en la producción de bienes de capital a un mayor énfasis en producir más bienes de consumo de mejor calidad.

10. El progreso económico en la Unión Soviética representa una alternativa al capitalismo para las naciones subdesarrolladas, y es un desafío a las naciones capitalistas.

E. La naturaleza y la estructura del gobierno soviético se basan sobre ideas comunistas y sobre la historia rusa.

1. El gobierno actual comenzó en la Revolución de Noviembre de 1917, en la que los comunistas, conducidos por Lenín, alcanzaron el poder.

2. De conformidad con la constitución de 1936, hay muchas semejanzas en la estructura de las formas de gobierno de la Unión Soviética y los Estados Unidos.

3. En la práctica hay muchas grandes diferencias en los objetivos y funciones de los gobiernos de las dos naciones.

4. Sólo un partido — el Comunista — existe en la URSS. El partido controla el gobierno y determina su política.

5. La meta del liderato comunista es la revolución mundial — el establecimiento del comunismo en todos los países.

6. Para alcanzar la meta del liderato mundial la URSS ha establecido programas de ayuda económica, propaganda y asistencia militar a las naciones comunistas y en desarrollo y entrena revolucionarios de otros países.

7. Tanto el zar como los comunistas han usado un sistema de policía secreta y de terror. Se ha recurrido a los juicios para robustecer el propósito de mantener "en línea" a la población soviética.

8. La expresión de la oposición al gobierno está limitada a suaves formas de crítica. La censura es un arma importante del gobierno soviético.

UNIDAD II
Ejercicios y Preguntas

Vocabulario

Instrucciones:

Haga corresponder las palabras de la columna A con el significado correcto en la columna B.

Columna A

1. zar
2. excomunión
3. traición
4. emancipar
5. siervo
6. revolución
7. estepa
8. abdicar
9. soviet
10. burguesía
11. proletariado
12. inevitable
13. occidentalizar
14. purgar

Columna B

(a) liberar o emancipar
(b) clase trabajadora
(c) palabra rusa para "consejo"
(d) abandonar; renunciar el trono.
(e) seguramente ocurrirá
(f) adoptar la cultura de Europa occidental.
(g) palabra rusa para, "rey"
(h) derrocamiento del gobierno
(i) capitalistas: dueños de fábricas y minas
(j) deshacerse de opositores
(k) ser desleal al gobierno propio
(l) campesino que no puede abandonar a su señor
(m) planicie, pradera
(n) ser "expulsado" de la iglesia.

¿Quién soy?

Instrucciones: Señale, de la lista que sigue, la persona descrita:

Riurik	Catalina la Grande	Karl Marx
Príncipe Vladimir	Napoleón	V.I. Lenín
Ghenghis Khan	Alejandro II	Stalin
Iván el Terrible	Nicolás II	Boris Pasternak
Pedro el Grande	Rasputin	Yevgeny Yevtushenko

1. Fui el gobernante francés que invadió Rusia en 1812
2. Convertí a la Unión Soviética en una poderosa nación industrial
3. Fui un pensador alemán. Desarrollé la idea de la lucha de clases.
4. Emancipé a los siervos rusos.
5. Fui jefe de los nórdicos que invadieron Rusia en el siglo IX
6. Fui duramente censurado por el gobierno soviético a causa de mi novela *El Dr. Zhivago*.
7. Fui el gobernante que convirtió a la población rusa al cristianismo.
8. Uní las tribus mongolas en un poderoso ejército.
9. Fui jefe de la revolución comunista de noviembre de 1917.
10. Soy hoy día un poeta muy popular en la Unión Soviética.
11. Pasé varios meses en Europa estudiando construcción naval y fortificación. Traté de "occidentalizar" a Rusia.
12. Fui el último zar. Abdiqué en 1917.
13. Pensé que la cultura europea era superior a la rusa. Bajo mi gobierno se hicieron muy populares en Rusia el arte, la música y la literatura francesas.
14. Fui un aldeano y sacerdote borracho e ignorante. Durante la Primero Guerra Mundial, prácticamente goberné Rusia.
15. Fui el primer zar que gobernó Rusia por la fuerza y el terror. Mi policía de seguridad eliminaba a cualquiera que se me opusiera.

Ejercicio Cartográfico

Ejercicio cartográfico:

Instrucciones: Observe el mapa de la página 57. Seleccione la mejor respuesta para las siguientes preguntas.

1. La distancia de Leningrado a Vladivostok es de unas
   (a) 3000 millas (b) 4500 millas (c) 6000 millas (d) 7500 millas

2. La mayor parte de la Unión Soviética está localizada
   (a) al norte del Círculo Artico
   (b) cerca del Ecuador
   (c) entre los 40 y 70 grados de latitud norte
   (d) entre los 40 y los 70 grados de latitud sur.

3. ¿Cuál de los siguientes es más parecido a un lago?
   (a) Mar Negro (b) Mar Báltico (c) Mar de Japón (d) Mar Caspio

4. La mayoría de los ríos de Siberia corren:
   (a) hacia el norte (b) hacia el sur (c) hacia el este (d) hacia el oeste.

5. Kamchatka puede ser descrita como
   (a) una isla (b) un mar (c) un estrecho (d) una península

6. Si se va desde Moscú a Vladivostok se viaja:
   (a) hacia el norte (b) hacia el sur (c) hacia el este (d) hacia el oeste.

7. Puede encontrarse una tundra más fácilmente cerca de
   (a) la frontera china
   (b) El Océano Artico
   (c) Asia Central
   (d) la frontera europea.

8. Una razón para que Moscú llegara a ser capital de Rusia fue
   (a) se encuentra lejos de los grandes centros poblados
   (b) está ubicada en el centro de los sistemas fluviales de Rusia
   (c) se encuentra lejos de la frontera europea de Rusia
   (d) está ubicada en la parte más cálida del país.

9. Leningrado está ubicada sobre:
   (a) el Mar Negro (b) el Mar Báltico (c) el Mar Caspio (d) El Mar de Japón

10. Moscú se encuentra unas 600 millas de:
    (a) Vladivostok (b) Leningrado (c) Kiev (d) Volgogrado

¿Verdadero o Falso?

Instrucciones: Diga si las siguientes proposiciones son verdaderas o falsas. Corrija las falsas.

1. Rusia deriva su nombre de los *eslavos*.

2. Las letras URSS significan Repúblicas Socialistas Soviéticas Unidas.

3. Los *Grandes Rusos* forman el 50%, más o menos, de la URSS.

4. La parte *europea* de Rusia se conoce como Siberia.

5. Lenín estableció una policía secreta llamada la *Cheka*.

6. Los autos, aparatos de T.V. y la vestimenta son *bienes de capital*.

7. Cada granjero de una *granja estatal* puede tener un pequeño huerto y unos pocos animales.

8. En la Guerra Civil de 1918 fueron designados *rojos* los que apoyaban a los comunistas.

9. La cantidad de trabajo que debe efectuar un obrero se llama *cuota*.

10. Stalin creía que la guerra entre la Unión Soviética y los países *comunistas* era inevitable.

La Unión Soviética y los Estados Unidos
Comparación de recursos y de bienes de consumo

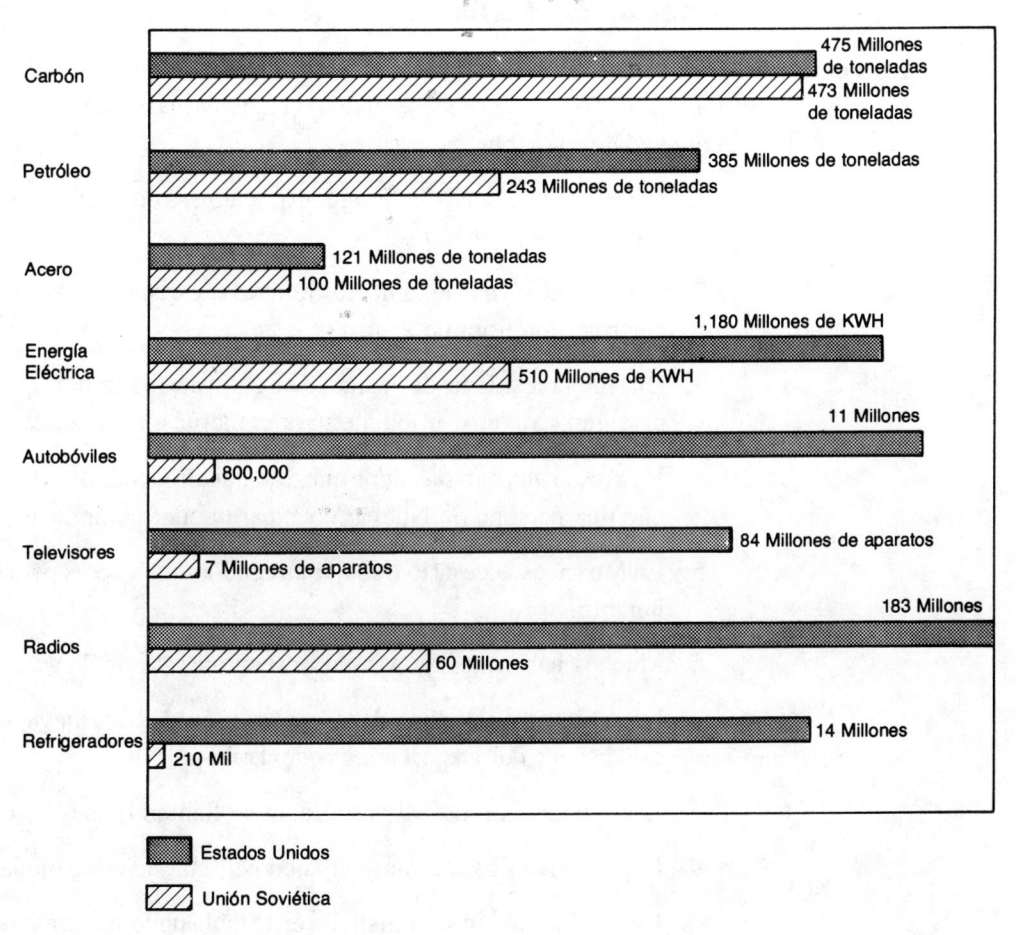

Recurso/Bien	Estados Unidos	Unión Soviética
Carbón	475 Millones de toneladas	473 Millones de toneladas
Petróleo	385 Millones de toneladas	243 Millones de toneladas
Acero	121 Millones de toneladas	100 Millones de toneladas
Energía Eléctrica	1,180 Millones de KWH	510 Millones de KWH
Autobóviles	11 Millones	800,000
Televisores	84 Millones de aparatos	7 Millones de aparatos
Radios	183 Millones	60 Millones
Refrigeradores	14 Millones	210 Mil

Ejercicios y Preguntas

Análisis del esquema gráfico.

Instrucciones: Observe el esquema de la página 59. Diga si las siguientes proposiciones son verdaderas o falsas. Corrija las falsas.

1. La Unión Soviética está más cerca de los Estados Unidos en la producción de *acero*.
2. La producción soviética de *bienes de consumo* está más cerca de los Estados Unidos que su producción de *recursos*.
3. La producción estadounidense de electricidad es *dos veces* la de la Unión Soviética.
4. Los *bienes de consumo* se utilizan en la producción de *recursos naturales*.
5. Este gráfico es un ejemplo de gráfico *lineal*.
6. Este gráfico sería de interés para los que buscan información sobre la producción de *bienes de consumo*.

Análisis de Tabla

Instrucciones: Vea la table en la pág. 35. Diga si las siguientes proposiciones son verdaderas o falsas o *no se suministra información* (NSI) en la tabla. Base sus respuestas sólo en la información contenida en la tabla.

1. Los números 1H 42M que siguen a "camisas de hombre" significan *una hora y cuarenta y dos minutos*.
2. A un operario ruso le toma tres minutos de trabajo ganar dinero suficiente para comprar una libra de azúcar.
3. Una mujer residente de la ciudad de Nueva York trabaja alrededor de 5 horas y media para ganar dinero suficiente para comprar un par de zapatos.
4. En Moscú una persona tiene que trabajar alrededor de 10 veces la cantidad de horas que una persona en Nueva York para poder comprar un vestido.
5. En Moscú es necesario trabajar alrededor de 18 horas para comprar un traje de hombre.
6. Muchos habitantes de Moscú poseen aparato de T.V.
7. Las cifras para el tiempo de trabajo en la ciudad de Nueva York fueron obtenidas de estadísticas del Departamento de Trabajo.
8. Los artículos en lista de esta tabla se llaman bienes de capital.
9. Los automóviles son más caros en Moscú que en la ciudad de Nueva York.
10. De la información suministrada en la tabla podemos concluir que en 1966 el alimento y el vestido eran más caros en Moscú que en la ciudad de Nueva York.

Elección Múltiple

Instrucciones: Señale la letra de la respuesta correcta.

1. La mayor parte de la tierra de la Unión Soviética es
   (a) planicie   (b) llanura   (c) montañosa   (d) desértica

2. La mayor parte de la línea costera de la Unión Soviética es
   (a) muy buena porque es la más larga del mundo.
   (b) muy buena para el comercio porque es recta.
   (c) no muy útil para el comercio porque permanece helada la mayor parte del año.
   (d) no muy útil porque no hay muchos puertos buenos.

3. ¿Cuál de los términos siguientes está fuera de lugar?
   (a) Don   (b) Volga   (c) Caucaso   (d) Dniéper

4. Los tres ríos principales de Siberia (Ob, Lena y Yenisei)
   (a) no son aptos para el transporte porque fluyen hacia el norte, hacia el Artico
   (b) no son buenos para el transporte porque tienen muchos rápidos.
   (c) son muy buenos para el transporte porque son largos y anchos.
   (d) son muy buenos para el transporte porque fluyen de sur a norte.

5. El clima de la mayor parte de la Unión Soviética es
   (a) tropical   (b) continental   (c) templado   (d) húmedo

6. Todo lo siguiente afecta el clima de la Unión Soviética *excepto*
   (a) los vientos árticos soplan a través del país.
   (b) la mayor parte de la Unión Soviética se encuentra lejos de los océanos Atlántico y Pacífico.
   (c) la mayor parte de la Unión Soviética está localizada lejos del Ecuador.
   (d) los monzones traen grandes lluvias.

7. La tundra no tiene muchos habitantes porque
   (a) la tierra está helada casi todo el año
   (b) el cultivo es casi imposible
   (c) a través de ella soplan los vientos fríos del Artico
   (d) todo lo anterior

8. Los grandes bosques de la Unión Soviética se encuentran en
   (a) la tundra   (b) la taiga   (c) la estepa   (d) el desierto

9. La principal zona agrícola de la Unión Soviética se encuentra en:
   (a) la tundra   (b) la taiga   (c) la estepa   (d) el desierto

10. Mucha parte de la tierra de la Unión Soviética no es adecuada para la agricultura porque
    (a) o es demasiado fría o no hay suficiente lluvia
    (b) es muy cálida y hay mucha lluvia
    (c) la mayor parte del país es muy montañosa.
    (d) casi no hay suelo fértil en la URSS

Ejercicios y Preguntas

11. La población de la Unión Soviética
    (a) habla muchos idiomas diferentes
    (b) sigue muchas religiones diferentes
    (c) practica muchas costumbres diferentes
    (d) todo lo anterior

12. ¿Cuál de las proposiciones siguientes explica a las demás?
    (a) los rusos obtuvieron muchas ideas de los griegos
    (b) muchas ciudades surgieron en Rusia
    (c) los rusos comerciaron con Constantinopla
    (d) las ciudades rusas se volvieron ricas

13. De lo siguiente, ¿qué ocurrió *primero*?
    (a) los príncipes de Moscú unificaron Rusia
    (b) los eslavos se establecieron en las orillas del Dniéper
    (c) los mongoles conquistaron Rusia
    (d) Rusia fue invadida por nórdicos de Escandinavia.

14. Un ícono es
    (a) una pintura religiosa
    (b) una iglesia
    (c) un libro de oraciones
    (d) un museo

15. Los mongoles pudieron invadir Rusia fácilmente porque
    (a) no había barreras en la estepa para detenerlos
    (b) los rusos tenían un ejército excelente
    (c) muchos rusos acogieron calurosamente a los mongoles
    (d) los mongoles tenían la ayuda de otras naciones.

16. Los mongoles ayudaron al príncipe de Moscú a convertirse en el príncipe más poderoso de Rusia porque
    (a) lo nombraron zar
    (b) formaron su ejército
    (c) le permitieron cobrar impuestos para ellos
    (d) ampliaron su territorio

17. Una de las razones para que Moscú llegara a ser capital después de la expulsión de los mongoles fue que estaba localizada
    (a) en las montañas   (b) en la taiga   (c) en la estepa   (d) cerca del mar

18. La policía de seguridad de Iván el Terrible se llamó
    (a) NKVD   (b) Cheka   (c) Oprichniki   (d) Komsomol

19. Pedro el Grande quería "occidentalizar" a Rusia porque
    (a) quería hacerla fuerte
    (b) Rusia estaba muy a la zaga de Europa en ciencia e industria
    (c) los países europeos eran más poderosos que Rusia
    (d) todas estas razones

20. Los rusos declararon guerra contra Turquía muchas veces para obtener el control de
    (a) el Mar Báltico
    (b) el Mar Negro
    (c) el Mar de Japón
    (d) el Mar Caspio

21. La capitación fue
    (a) impuesta por los mongoles
    (b) un impuesto a los ricos
    (c) pagada por todo el mundo uniformemente
    (d) un impuesto sobre las "almas masculinas" y pagado principalmente por los pobres.

22. Pedro el Grande y Catalina se parecieron en todo lo siguiente *excepto:*
    (a) Ambos admiraban la cultura europea
    (b) Ambos pasaron muchos años en guerra con Turquía
    (c) Ambos incrementaron el tamaño de Rusia conquistando Polonia
    (d) Ambos mostraron poco interés por el sufrimiento del pobre

23. En los años que siguieron a la invasión napoleónica muchos comenzaron a pedir cambios porque
    (a) Rusia estaba corrupta y atrasada
    (b) la guerra había causado mucha destrucción y sufrimiento en el pueblo
    (c) nada hizo el zar para reformar el gobierno
    (d) todas estas razones

24. El propósito de la policía de seguridad era
    (a) espiar al pueblo para prevenir una revolución
    (b) proteger a los siervos de sus amos.
    (c) defender a Rusia de invasores extranjeros
    (d) todo esto

25. Muchos de los agentes en la burocracia rusa eran
    (a) corruptos e ignorantes
    (b) muy educados
    (c) preparados y capaces de hacer bien sus trabajos
    (d) muy honestos

26. Un ejemplo de censura es
    (a) la policía de seguridad podía investigar el hogar de cualquiera
    (b) el zar gobernaba sin constitución
    (c) cada periódico, libro o revista debía ser examinado antes de publicarse
    (d) mucha gente fue enviada a Siberia

27. Alejandro II decidió emancipar a los siervos porque
    (a) temía una revolución del campesinado
    (b) creía que la debilidad de Rusia se debía a la servidumbre
    (c) creía que Rusia estaba atrasada a causa de la servidumbre
    (d) todas estas razones

28. La vida del campesino ruso no fue mucho mejor después de la emancipación por todas las razones siguientes *excepto:*
    (a) no consiguió tierra suficiente
    (b) el costo de la tierra era muy alto
    (c) la ley no permitía al campesino abandonar a su señor
    (d) el campesino tenía que pagar muchos impuestos

29. Los revolucionarios rusos del siglo 19 eran principalmente
    (a) obreros de fábricas en las ciudades
    (b) siervos y campesinos pobres
    (c) jóvenes educados de familias ricas
    (d) espías extranjeros

30. La Revolución de 1905 fue causada en parte por la derrota rusa en la guerra con
    (a) Inglaterra   (b) Japón   (c) Alemania   (d) Francia

31. El "Domingo Sangriento" fue el día de 1905 en que
    (a) el zar fue asesinado
    (b) soldados rusos fueron muertos por los turcos
    (c) 130 manifestantes fueron muertos por las tropas del gobierno
    (d) mujeres y niños murieron de hambre

32. Nicolás II reaccionó a los acontecimientos de 1905
    (a) abandonando su trono
    (b) eliminando a millones de personas
    (c) prometiendo al pueblo una constitución
    (d) pidiendo ayuda a otras naciones

33. La Duma establecida en 1905 fue
    (a) una corte   (b) una legislatura   (c) un gabinete   (d) una policía de seguridad

34. El pueblo ruso fue desdichado con el gobierno provisional porque
    (a) éste quería continuar la guerra contra Alemania
    (b) quería hacer la paz con Alemania
    (c) trató de reponer al zar
    (d) estaba constituído por muchos comunistas

35. ¿Cuál de estos acontecimientos ocurrió *último?*
    (a) la emancipación de los siervos
    (b) la invasión napoleónica a Rusia
    (c) la abdicación del zar Nicolás II
    (d) la Primera Guerra Mundial

36. La idea de Marx respecto a la *lucha de clases* es que:
    (a) desde el comienzo de la historia los ricos y los pobres siempre han luchado entre sí
    (b) los dueños de fábricas sólo están interesados en ganar más dinero
    (c) la burguesía usa al proletariado para enriquecerse
    (d) todo lo anterior

37. Marx pensaba que la revolución debía ser hecha por
    (a) los campesinos
    (b) los obreros de fábricas
    (c) el gobierno
    (d) los estudiantes

38. Marx pensaba que la revolución era inevitable por las siguientes razones *excepto:*
    (a) los trabajadores llevan una vida muy desdichada
    (b) los campesinos son infelices con la servidumbre
    (c) el proletariado está creciendo en fuerza
    (d) el proletariado se rebelará y expulsará a la burguesía

39. ¿Cuál de las siguientes proposiciones *no es* verdadera?
    (a) el lema de Lenín, "Paz, Tierra y Pan" le ganó muchos partidarios
    (b) Lenín pensaba que los comunistas debían desatar la revolución en noviembre de 1917
    (c) Lenín pensaba que Rusia debía continuar la guerra con Alemania hasta que ésta fuera derrotada.
    (d) Lenín y los comunistas hicieron la revolución en menos de 24 horas.

40. ¿Cuál de los siguientes factores produjo los demás?
    (a) Los campesinos sacrificaron sus vacas y caballos
    (b) los campesinos dejaron su tierra sin cultivar
    (c) Stalin obligó a los campesinos a formar granjas colectivas
    (d) muchos murieron de hambre y otros fueron eliminados

41. De lo siguiente, ¿qué *no es* verdad?
    (a) Stalin convirtió a la Unión Soviética en una nación poderosa.
    (b) Stalin perdonó a muchos que se le oponían
    (c) Stalin hacía eliminar a sus contrarios
    (d) Stalin dijo "Quien no trabaja, no come"

42. ¿Cuál de las siguientes proposiciones sobre la economía soviética *no es* verdadera?
    (a) En la Unión Soviética hay muchos negocios privados
    (b) la Unión Soviética se esfuerza en la construcción de fábricas, máquinas y tanques más que en la producción de aparatos de TV y automóviles
    (c) todos los recursos naturales son propiedad del gobierno
    (d) se paga a los obreros según sus habilidades y la cantidad de trabajo que hacen

43. De los siguientes, ¿cuáles *no son* considerados *bienes de capital*?
    (a) represas   (b) máquinas de lavar   (c) tractores   (d) motores de combustión

44. La Comisión Estatal de Planificación
    (a) controla todas las escuelas de la Unión Soviética
    (b) trata de convertir al comunismo a otros países
    (c) decide qué clase de bienes será producida
    (d) tiene a su cargo el entrenamiento de soldados jóvenes

Ejercicios y Preguntas

45. Respecto a una granja colectiva, todo lo siguiente es verdad *excepto:*
    (a) la maquinaria y los animales son propiedad colectiva de todos los granjeros
    (b) los granjeros venden todo lo que quieren y conservan las ganancias
    (c) los granjeros dividen el trabajo entre sí a base de sus habilidades
    (d) la mayor parte de las cosechas es vendida al gobierno al precio fijado por éste.

46. La escasez de alimentos en la Unión Soviética es causada por todo lo siguiente *excepto:*
    (a) la mayor parte de la Unión Soviética es o demasiado fría o demasiado seca para el cultivo
    (b) las grandes lluvias destruyen muchas cosechas
    (c) hay escasez de maquinaria agrícola y de fertilizantes
    (d) con frecuencia los agricultores no trabajan tanto como debieran dado que la tierra no es de ellos

47. El gobierno soviético suministra la seguridad de la población por
    (a) pensiones para ancianos y atención médica gratis
    (b) altos salarios para trabajadores y agricultores
    (c) imposición de precios bajos para el alimento y el vestido
    (d) previsión de bajo costo de vacaciones en el extranjero

48. El Soviet Supremo es llamado un "sello de goma." Esto significa que
    (a) tiene que ver principalmente con la industria de la goma
    (b) aprueba automáticamente todo lo que decide el Partido Comunista
    (c) es la rama más importante del gobierno soviético y toma todas las decisiones
    (d) es la corte más alta del país

49. El Partido Comunista de la Unión Soviética
    (a) requiere que todo ciudadano adulto se afilie
    (b) es uno de los muchos partidos en la Unión Soviética
    (c) es muy pequeño, siendo sus miembros sólo el 5% de la población
    (d) está prohibido por el gobierno soviético

50. Entre los 15 y los 27 años de edad los jóvenes soviéticos pueden pertenecer a
    (a) Komsomol   (b) Octubristas   (c) Comintern   (d) NKVD

51. ¿Cuál de los siguientes no corresponde con los demás?
    (a) Boris Pasternak
    (b) Mikhail Sholohov
    (c) Alexander Solzhenitsyn
    (d) Alexander Pushkin

52. ¿Cuál de las siguientes proposiciones sobre la religión en la Unión Soviética *no es* verdadera?
    (a) Han sido clausuradas muchas iglesias y sinagogas
    (b) Se enseña en las escuelas que la religión es superstición
    (c) Sólo los habitantes religiosos pueden conseguir buenos empleos.
    (d) Mucha gente va todavía a la iglesia.

53. Muchos países están sospechosos de la Unión Soviética porque
    (a) la URSS ha tratado siempre de ayudar a países pequeños
    (b) la URSS ha tratado de convertir en comunistas a otros países
    (c) la URSS ha convertido a Alemania en una poderosa nación
    (d) la URSS ha utilizado armas atómicas contra otras naciones

54. Los jefes soviéticos han descartado la idea de que la guerra entre el capitalismo y el comunismo es inevitable porque
    (a) una guerra atómica destruiría el mundo entero
    (b) el pueblo soviético ha trabajado demasiado desarrollando su país para permitir que sea enteramente destruído
    (c) creen que pueden extender el comunismo por otros medios que no sean la guerra
    (d) todas las razones anteriores.

55. Para evitar que estos países se volvieran anti-comunistas y para mantener sobre ellos el control soviético, se enviaron tropas rusas a:
    (a) Hungría y Yugoslavia
    (b) Hungría e Italia
    (c) Checoeslovaquia y Hungría
    (d) Checoeslovaquia y Austria.

Preguntas de concepto

1. La geografía ha tenido gran influencia en la historia rusa. Dé ejemplos pertinentes a cada uno de estos paríodos, para probar esto
   (a) Rusia de Kiev
   (b) Invasión Mongola
   (c) Surgimiento de Moscú
   (d) Reinado de Pedro el Grande
   (e) Invasión Napoleónica.

2. La historia rusa muestra muchos ejemplos de difusión cultural. ¿Qué evidencia puede alegarse para apoyar este aserto, en los períodos siguientes:
   (a) Rusia de Kiev
   (b) Reinado de Pedro el Grande
   (c) Reinado de Catalina la Grande
   (d) Revolución comunista de 1917.

3. Se ha dicho que la invasión mongola retardó el desarrollo de Rusia en alrededor de 200 años. ¿Está Ud. de acuerdo con este aserto? ¿Por qué?

4. ¿Cómo contribuyó la iglesia rusa al sometimiento del pueblo al poder absoluto del gobierno?

5. ¿Qué hizo Pedro el Grande para "occidentali zar" a Rusia?

6. ¿Cómo fue afectado el pueblo ruso por los esfuerzos hechos por Pedro el Grande para cambiar Rusia?

7. ¿Por qué fracasó el intento de Napoleón de conquistar Rusia?

8. La libertad de prensa no existía en Rusia en el siglo XIX. La libertad de prensa no existe hoy en la Unión Soviética. Explique.

9. No podía haber libertad personal en Rusia en tanto existiera una todopoderosa policía de seguridad. Explique.

10. ¿Cómo se desarrolló la servidumbre en Rusia?

11. Por qué llegaron muchos rusos a ser revolucionarios durante el siglo XIX?

12 ¿Cuáles fueron algunos de los métodos usados por los revolucionarios para el éxito de la revolución? ¿Por qué no fueron exitosos?

13. ¿En qué forma contribuyó la Primera Guerra Mundial al éxito de la revolución de 1917?

14. Si usted hubiera sido un trabajador en la Europa del siglo XIX, ¿cómo se hubiera sentido con respecto al marxismo? Como trabajador en la América actual, ¿por qué podría su opinión ser diferente?

15. Lenín fue un fiel seguidor de Marx. Sin embargo, cambió algunas de las ideas básicas de éste. Explique.

16. Lenín y los comunistas carecían del apoyo mayoritario de la población rusa. ¿Qué evidencia puede aportarse para sostener esta afirmación?

17. ¿Por qué es posible comparar la política de Stalin con las de Pedro el Grande e Iván el Terrible?

18. ¿De qué modo cambió el Plan Quinquenal a Rusia, de un país atrasado a un gigante industrial?

19. ¿Cómo controla el gobierno soviético la economía entera de la URSS?

20. Si Ud. viviera en la Unión Soviética, ¿qué problemas enfrentaría en relación con:
    (a) vestimenta   (b) vivienda   (c) alimento?

21. ¿Cómo controla el Partido Comunista la Unión Soviética?

22. ¿Cuáles son algunas de las ventajas del sistema educativo soviético? ¿Cuáles son algunas de sus desventajas?

23. ¿Cuáles son algunos de los problemas que confrontan los escritores en la Unión Soviética?

24. ¿De qué modo está tratando la Unión Soviética de atraer otros países al comunismo?

Ejercicio

Imagine que Ud. es uno de los personajes siguientes. Escriba una carta a un amigo describiendo su vida y sus experiencias.

1. Un ruso en tiempos de la invasión mongola.
2. Un mongol del ejército que ha invadido Rusia.
3. Un ruso de tiempos de la invasión napoleónica.
4. Un soldado del ejército de Napoleón.
5. Un siervo ruso.
6. Un terrateniente ruso amo de varios siervos.
7. Un revolucionario ruso.
8. Un trabajador o aldeano ruso durante la Primera Guerra Mundial.
9. Un estudiante ruso del siglo XIX.
10. Un trabajador en Europa durante la revolución industrial.
11. Un aldeano soviético en el período de Stalin.
12. Un escritor en la Unión Soviética de hoy.

Indice

Agricultura, 32-33
Alejandro I, zar, 17-18
Alejandro II, zar, 20
Alejandro III, zar, 22
Alfabeto cirílico, 11
Artes, 40-42
Asia Central, población de, 6
Báltico, pueblos del, 6
Bienes de consumo, escasez, 35-36
Bolchevique, partido, 27
Brezhnev, Leonid, 45
Campesinos, 19-21
Capital, idea marxista, 26
Características físicas, 2-3
Catalina la Grande, 15-17
Caucaso, población del, 6, 10
Censura, 19, 41
Clima, 3-5
Comercio con EE.UU., 47-49
Comintern, 43
Comisión Estatal de Planificación, 31
Conferencias SALT, 46
Cultura del pueblo, 9-10
Domingo sangriento, 24
Economía, 30-36
Educación, 39

Eisenhower, D.D., 48
Elecciones, 38
Eslavos, pueblos, 6
Gobierno popular, 21-22
Gobierno, 37-38
Granjas colectivas, 30, 32-33
Gobierno provisional, 25-26
Guerra Mundial I, 24
Guerra Mundial II, 43
Historia, 9-30
Iván el Terrible, 14
Johnson, Lyndon B., 48
Judíos, 8
Kiev, Rusia de, 9-10
Kosygin, Alexei, 45
Khrushchev, Nikita, 48
Lenín, (Ulanov) V.I., 23, 25-27, 28, 39, 43
Literatura y artes, 40-42
Lucha de clases, 26-27
Manifiesto del Partido Comunista, 26
Marxismo, 26-28
Marx, Karl, 26-28, 30, 42
Mongoles, 10-13
Napoleón y Rusia, 17-18
Nicolás II, zar, 19
Nixon, Richard, 45, 46

Pedro el Grande, 14-15
Podgorny, Nikolai, 45
Política exterior, 42-50
Primeros revolucionarios, 21-22
Pueblos, 5-9
Purgas, 30
Quinquenal, plan, 28
Relaciones con los EE.UU., 45-50
Religión, 42
Revolución de 1905, 22-24
Revolución de 1917, 24-28, 30
Salud, atención de la, y pensión, 36-37
Seguridad, policía de, 14, 18, 22, 28, 30
Servidumbre, 19-21
Siervos, emancipación, 20
Tamaño, 1
Topografía, 1-4
Trabajadores, 32-33
Tratado de Granos con EE.UU., 48
Trotsky, León, 28
Ubicación, 1-2
Unificación de Rusia, 13
Vida cultural, hoy, 39-42

NOTES

NOTES

NOTES

NOTES

NOTES